1868. 11 Mai

# CATALOGUE

D'UNE RICHE COLLECTION

# DE BEAUX LIVRES

## A FIGURES

**Venant de l'étranger**

COSTUMES, CÉRÉMONIES FUNÈBRES, FÊTES PUBLIQUES
FEUX D'ARTIFICE, FEUILLES VOLANTES
SUR DES ÉVÉNEMENTS HISTORIQUES, PORTRAITS
ARCHITECTURE ET ORNEMENTS, ETC.

DONT LA VENTE SE FERA

**Le Lundi 11 Mai 1868 et les cinq jours suivants**

A L'HOTEL DES COMMISSAIRES-PRISEURS

5, RUE DROUOT, SALLE N° 4

**A 2 heures très-précises de relevée**

Par ministère de M. **DELBERGUE-CORMONT**, commissaire-priseur,
rue de Provence, n° 8,

---

Prix : 1 franc

---

PARIS
LIBRAIRIE TROSS
5, RUE NEUVE-DES-PETITS-CHAMPS, 5

1868

Paris, imprimerie Jouaust, rue Saint-Honoré, 338.

# CATALOGUE

D'UNE RICHE COLLECTION

# DE LIVRES A FIGURES

# TABLE DES DIVISIONS.

—



**Catalogue de la vente du 22 Mai 1868.**

# CATALOGUE

D'UNE RICHE COLLECTION

# DE BEAUX LIVRES

## A FIGURES

**Venant de l'étranger**

COSTUMES. CÉRÉMONIES FUNÈBRES. FÊTES PUBLIQUES
FEUX D'ARTIFICE. FEUILLES VOLANTES
SUR DES ÉVÉNEMENTS HISTORIQUES. PORTRAITS
ARCHITECTURE ET ORNEMENTS, ETC.

DONT LA VENTE SE FERA

**Le Lundi 11 Mai 1868 et les cinq jours suivants**

A L'HOTEL DES COMMISSAIRES-PRISEURS

5, RUE DROUOT, SALLE N° 4

**A 2 heures très-précises de relevée**

Par ministère de M. **DELBERGUE-CORMONT**, commissaire-priseur,
rue de Provence, n° 8,

---

**Prix : 1 franc**

---

PARIS

LIRBAIRIE TROSS

5, RUE NEUVE-DES-PETITS-CHAMPS, 5

1868

## ORDRE DES VACATIONS.

—

**Lundi 11 Mai**

1026 — 1234

**Mardi 12 Mai.**

811 — 1025

**Mercredi 13 Mai.**

502 — 559

660 — 810

**Jeudi 14 Mai.**

380 — 501

1 — 75

**Vendredi 15 Mai.**

202 — 276

76 — 201

**Samedi 16 Mai.**

277 — 376

560 — 659

## CONDITIONS DE LA VENTE.

Les adjudicataires payeront, en sus des adjudications, cinq centimes par franc, applicables aux frais.

Les livres vendus devront être collationnés sur place dans les vingt-quatre heures. Passé ce délai ou une fois sortis de la salle de vente, ils ne seront repris pour aucune cause.

---

Nous nous réservons le droit de diviser les lots d'estampes, mais nous n'userons de cette faculté que dans des cas exceptionnels.

---

On a rarement présenté en vente une collection d'ouvrages à figures, du genre de ceux qui sont portés au présent Catalogue, aussi importante que celle que nous annonçons aujourd'hui. Il nous suffira de dire, comme preuve de ce que nous avançons, qu'elle contient plus de six cents représentations de fêtes, d'entrées, de cérémonies et de pompes funèbres, du XVIe au XIXe siècle.

Les fêtes des princes du XVIe siècle étaient splendides, et plusieurs d'entre elles n'ont pas été dépassées, pour la magnificence, par les grandes solennités de notre époque. Nous citerons entre beaucoup d'autres : L'entrée de Charles V à Bologne, en 1530 (nº 308). — La pompe funèbre de Charles V faite à Bruxelles en 1558 (nos 313 et 315). — Les tournois et fêtes célébrés à Vienne en 1560 (nº 316). — Le mariage de Guillaume de Bavière et de Renée de Lorraine, célébré à Munich en 1568 (nos 325, 326, 327). — Le mariage de Charles d'Autriche et de Marie de Bavière, célébré à Vienne en 1571.

— Le mariage de Guillaume de Clèves et de Jacoba de Bade, célébré à Dusseldorf en 1585 (nos 335, 336). — La pompe funèbre de Charles III de Lorraine, faite à Nancy en 1608 (no 362). — L'entrée de Henry IV à Metz, en 1610 (no 365).

La suite des estampes publiées séparément et des feuilles volantes dans le même genre est tout aussi importante, et on y trouve beaucoup de pièces rarissimes. Nous ne nous sommes pas servi beaucoup des mots *rare*, *très-rare*, qui seraient applicables à la presque totalité des pièces contenues dans la collection. Citons encore la belle suite d'estampes concernant Henri IV et celle de la Révolution de 1789.

L'œuvre d'architecture de Jean Le Pautre, plus de neuf cents pièces en premières épreuves et en ancienne reliure, 4 vol. in-fol. (no 627), est un ouvrage hors ligne.

E. T.

---

# CATALOGUE

DE

# LIVRES ANCIENS

AYANT EN GÉNÉRAL RAPPORT AUX

# MŒURS ET COUTUMES

---

## I. THÉORIE DES ARTS, OUVRAGES A FIGURES, ARCHÉOLOGIE, ETC.

1. Academia tedesca della architettura, scultura e pittura : Oder teutsche Academie der Bau-Bild und Mahlerey Kunste, par J. de Sandrart. *Nurnberg*, 1675-79. 4 vol. in-fol., fig., vél. de Holl.

   Bel exemplaire d'un ouvrage rempli de documents pour l'histoire des arts, et orné de nombreuses figures, de beaux portraits de peintres et architectes.

2. Les quatre livres d'Albert Durer, Peinctre et Geometrien tresexcellent. De la Proportion des parties et pourtraicts des corps humains. Traduicts par Loys Meigret, Lionnois. *Paris*, *Ch. Périer*, 1557. In-fol., fig. en bois, v.

3. Des Circkels auch der Perpectiva Undterweisung. C'est-à-dire : Traité de la perspective et de la proportion des hommes et des chevaux, à l'usage des orfèvres, peintres,

sculpteurs, ébénistes, etc., par H. Lautensack, orfèvre et peintre à Francfort s. le Mein. *Franckfurt, S. Feyerabend und H. Lautensack*, 1564. Pet. in-fol., fig. en bois., bas. gaufr.

Bel exemplaire d'un volume rare.

4. Methodus geometrica, das ist : Aussführlicher Bericht von der Feldtrechnung, und Messung. *Nurnberg, Val. Fuhrmann*, 1598. — Ein schöner Extract der Geometriæ unnd Perspectivæ. *Nurnberg*, 1599. — 2 vol. en un, in-fol., vél., tr. dor.

Exemplaire unique, exécuté pour le célèbre voyageur Chr. Furer ab Haimendorf, avec son autographe au commencement du volume.

Toutes les planches du premier ouvrage sont artistement coloriées et rehaussées d'or; le second ouvrage est orné de *beaux dessins* également coloriés et rehaussés d'or (par l'auteur, H. Lencker).

5. Traicté des manières de graver en taille douce sur l'airin par le moyen des Eaux Fortes, par A. Bosse. *Paris, chez ledit Bosse*, 1645. In-8, fig., v.

6. Bibel. Hie hebet sich an die Epistel des heyligen Priester sant Iheronimi. *Nuremberg, A. Koberger*, 1483. 2 vol. en un, gr. in-fol., goth., fig. en bois coloriées à l'époque, rel. en bois.

Bible en allemand, ornée de 110 grandes et curieuses gravures en bois. Ce sont les mêmes qui se trouvent dans la célèbre Bible de Cologne en dialecte bas allemand. Les personnages sont représentés en costume du XVe siècle.

7. Physica sacra, iconibus illustrata, autore J. J. Scheuchzer, procurante J. A. Pfeffel (texte en allemand). *Augsburg*, 1731-35. 3 vol. in-fol., veau br., tr. dor.

Les 750 gravures sont ici en premières épreuves.

8. Figures de la Bible. M. Kysel Icones Biblicæ Veteris et Novi Testamenti. *Augustæ Vindel.*, 1679. 5 part., un vol. in-4, d.-rel.

Bel exempl. d'un recueil de belles planches gravées en taille-douce. En voici la description : Front. et titr. grav., 2 ff. de texte en allem., en caract. mobiles, au lecteur (dans quelques exemplaires se trouve aussi une dédicace au duc Maximilien de Bavière, 2 ff.); Ire part., 51 planch.; IIe part., titre et 51 planches; IIIe part., titre, 50 planches et un fleuron pour la fin. — Nouveau Testament. Frontisp., titre et 47 planches; IIe part., titre, 42 planches et un fleuron avec la date.

La description que le Manuel de Brunet en donne est inexacte; l'exempl. Solar, cité par lui, était pourtant conforme à celui-ci.

9. L'Histoire du Vieux et du Nouveau Testament, représentée avec des figures et des explications édifiantes, par M. Le Maistre de Sacy, sieur de Royaumont. *Paris, Vilette*, 1723. In-fol., fig., veau.

10. Historia genealogiæ Domini N. Jesu Christi, Dei et Davidis filii, synopsi gemina et tribus libris expressa et exposita, studio Silv. Steier Leovallæ. *Francofurti, N. Bassæus*, 1594. Gr. in-fol., grand nombre de curieuses gravures sur bois dans le genre de J. Amman., peau de truie gaufr.

11. Les seize nielles du grand lustre de la cathédrale d'Aix-la-Chapelle, exécutées vers 1162 pour l'empereur Frédéric Ier et sa femme l'impératrice (Béatrice de Bourgogne). Seize planches tirées à Aix-la-Chapelle sur les gravures originales. *Paris*, 1859. Gr. in-fol., 2 ff. de texte, 16 pl., cart., non rogn.

Un des plus anciens et des plus beaux monuments de la gravure en taille-douce. On n'en a tiré, lors de la restauration du lustre, qu'un *très-petit nombre d'exemplaires sur les planches originales.*

Les gravures ont été exécutées vers 1165, dans le genre des gravures du XVe siècle, ce qui a permis d'obtenir des épreuves parfaites sept siècles après l'exécution des planches.

12. Storia chronologica di quaranta avvenimenti gli più importanti della vita di Gesù Christo e di Maria Vergine, descritti da S. Ticozzi, con rami relativi incisi a contorni. *Milano*, 1826. Gr. in-fol., br.

13. Dreissig Marienbilder zur Lauretanischen Litanie. Trente images de la sainte Vierge d'après des tableaux de maîtres italiens du XIVe au XVIe siècle. Lithogr. par J. A. Ramboux, directeur du musée de Cologne. *Cologne, s. d.* Gr. in-fol., cart. dos de toile.

Exemplaire en papier fort. Cette collection, tirée à petit nombre, n'a pas été mise dans le commerce.

14. Icones Mortis, duodecim imaginibus præter priores totidemque inscriptionibus, præter epigrammata à G. Æmylio in Latinum versa, cumulatæ. *Basileæ*, 1554. Pet. in-8, cart.

La Danse des Morts de Holbein. Exemplaire très-grand de marges.

15. La Danse des Morts de Holbein, reproduite par Schlotthauer. *München*, 1832. In-8, cart.

Edition sans texte, tirée sur beau papier vélin.

16. Der Hochloeblichen und weitberumpten Statt Basel Beschreibung. (Description de la ville de Bâle, avec la Danse des Morts de Bâle et de Berne.) *Basel, Henric Petri*, 1608. Pet. in-8, cart.

Le volume contient un grand nombre de gravures sur bois de Scharffenberg et autres. Une partie de la souscription qui se trouve au dernier feuillet a été enlevée.

17. Idea di un prencipe et eroe cristiano in Francesco I d'Este di Madona, etc..... Nelle sollenni esequie dell' Alt. Ser. di Alfonso IV suo primogenito, l'anno 1659 in Madona celebrate, descritto da D. Gamberti. *Madona*, *Soliani*, 1659. In-fol., vél.

Avec un grand nombre de planches et gravures emblématiques par Fontana et autres. L'exemplaire contient à la fin l'arbre généalogique, qui manque presque toujours. Les pages 545 et suivantes contiennent une curieuse Danse des Morts.

18. Danse des Morts. Die erwogene Eitelkeit der menschlichen Dinge. *S. l.* In-fol., cart. dos de toile, non rogn.

Frontisp. gr. et 50 belles planches par M. Rentz, gravées au commencement du siècle passé.

19. Freund Hein's Erscheinungen in Holbeins Manier (Danse des Morts à la moderne, gravée en taille-douce par Schellenberg). *Winterthur*, *Steiner*, 1785. In-8, cart., non rogn.

Beau volume, assez rare.

20. Trionfo e Danza della Morte, o Danza Macabra a Clusone; dogma della morte a Pisogne nella provincie di Bergamo, con osservazioni storiche et artistiche di Gius. Vallardi. *Milano*, 1859. In-4, fig. noires et color., cart., non rogn.

21. Charles Estienne. La Dissection des parties du corps humain, avec les figures composées par Estienne de la Rivière. *Paris*, *S. de Collines*, 1546. In-fol., grav. en bois par Jollat et Geoffroy Tory, datées de 1532, v.

On a remis des coins (blancs) en bas des 30 premiers feuillets.

22. Discorsi di P. P. Magni intorno al sanguinar i corpi humani il modo di attacare le sanguisuche e ventose. *Roma*, *Bonfadino e Diani*, 1584. Pet. in-4, vél.

Première édition, ornée de 11 jolies planches gravées en taille-douce.

23. P. Paan Primitiæ Anatomicæ de humani corporis ossibus. *Lugduni Batav.*, *J. a Colster*, 1595. Pet. in-4, fig. en taille-douce, vél.

La première grande planche, représentant une leçon d'anatomie, est signée par J. de Gheyn. Sur le titre on remarque une gravure en taille-douce copiée sur une planche de la Danse des Morts de Holbein.

24. Clarissimi Hyginii de mundi et sphæræ ac utriusque partium declaratione, cum planetis et variis signis historiatis. *Venetiis*, *M. Sessa et P. de Rananis*, 1517. In-4, grand nombre de fig. sur bois, cart.

25. Kalendarius, teutsch, Maister Joannis Küngsperges (Regiomontanus). *S. l.*, 1513. In-4, goth., curieuses grav. en bois, v. ant.

26. Lunario nuevo perpetuo y general, y Pronostico de los tiempos, universal, por Geronimo Cortes. *Madrid, P. Madrigal*, 1598. Pet. in-8, fig. sur bois, cart.

27. Vaticinii, overo profetie del abbate Gioachino e di Anselmo vescovio di Marsico. Con li imagine intagliate in rame. *Venetiis, apud Henr. Porrum*, 1589. Petit in-4, cart.

Bel exemplaire d'un volume orné de nombreuses et curieuses figures gravées en taille-douce.

28. Laberinto dato novamente in luce da Andr. Ghisi, nel quale si vede 1260 figure quali sono tutte pronte al servitio con la sua obedienza e corrispondenza, che parlano l'una all' altra. *Venetia, E. Deuchino*, 1616. In-fol. cart.

Jeu à combinaison pour connaître la figure qu'une personne aura pensée. Les gravures de ce volume, très-rare, sont tirées en rouge.

29. La Théorie et la Pratique du jardinage, par A. Leblond. *Paris, Mariette*, 1722. In-4, grand nombre de pl., veau.

30. La Fisonomia dell' huomo et la Celeste di G. B. dalla Porta. *Venetia*, 1652. 3 vol. en un, in-8, fig. en taille-douce, parch.

31. Speculum heroicum. Principis omnium temporum Poetarum. Homeri. Les XXIIII livres d'Homère. Reduict en tables démonstratives figurées, par Crespin de Passe; chaque livre rédigé en argument poétique, par le sieur I. Hillaire de la Rivière, Rouennois. *Trajecti, apud Jo. Janssonium*, 1619. In-4 (monté du form. in-fol.). Fig. et portr. grav. en taille-douce, cart.

Belles épreuves.

32. Les Fables d'Esope, Phrigien, illustrés de discours moraux, philosophiques et politiques, par J. Baudoin. *Amsterdam*, 1701. In-12, fig. en taille-douce à mi-page, bas.

33. Quinti Horatii Flacci emblemata, imaginibus in æs insisis, notisque illustrata stud. Oth. Vænii. (Texte en espagnol, flamand, français et latin.) *Antverpiæ*, *Lisaert*, 1612. In-4, fig. en taille-douce, vél.

34. Metamorphoses d'Ovide en rondeaux (par Benserade), imprimez et enrichies de figures par ordre de S. Maj. et dédiez à M. le Dauphin. *Paris, Imprimerie royale*, 1676. In-4, fig. par Leclerc et autres, v.

35. Le Metamorfosi di Ovidio, ridotte da Gio. Andrea dell Anguillera in ottava rima. Con le Annotationi di M. Giuseppe Horologgi. *Vinegia, Bern. Giunti*, 1584. In-4, vél., tr. dor. cisel. (*Anc. rel. aux armes.*)

Bel exemplaire. Le volume est orné de nombreuses gravures en taille-douce par Giacomo Franco. Les bordures qui encadrent les tableaux et les têtes de livres offrent de beaux sujets d'ornementation.

36. Recht Ghebruyck ende Mis-bruyck van de Have. (Le bon et le mauvais usage que l'on fait de la fortune), par D. V. Cornhert. *Amsterdam, D. Pietersz*, 1610. 25 belles gravures en taille-douce, avec texte en hollandais. Pet. in-4, parch. (*Endommagé dans la marge du haut.*)

37. E. Herckmans Zeevarts-lofs VI boecken. (Eloge de la navigation, avec texte en vers hollandais.) *Amsterdam, Wachter*, 1634. In-fol., vél.

Ce volume est rare, et il mérite d'être recherché à cause du grand nombre d'eaux-fortes par W. Basse et Rembrandt qui sont imprimées dans le texte.

38. Eloge de la folie. Nouvellement traduit du latin d'Erasme, par M. de la Veaux. Avec les figures de Jean Holbein, gravées d'après les originaux. *Basle, Thurneysen*, 1780. In-8, fig. en bois, portrait ajouté, cart., non rogn.

39. Renversement de la morale chrétienne par les désordres du monachisme. Frontispice et 50 eaux-fortes avec un texte en hollandais et français. *S. l. n. d.* (*Hollande vers* 1750). In-4, cart.

40. Fortitudo Leonina in utraque fortuna Max. Emmanuelis, Bavariæ, etc., ducis. Herculeis laboribus, repræsentata ab Universa Soc. Jesu. per Superiorem Germaniæ Provincia. *Monachii*, 1715. Gr. in-fol., d.-rel.

Avec un grand nombre de jolies gravures emblématiques,

41. Den ondergang des Roomschen Arents door den Noordschen Leeuw, door, B. Hulsius. *Amsterdam*, 1642. In-4, d.-rel.

Joli frontispice et 29 planches emblématiques (dont la première représ. le portrait de Gustave-Adolphe à cheval) grav. par Crispin de Pas.

42. Les Beautez de la Perse, par A. D. D. V. (And. Dardieu Deslandes.) *Paris*, *Clouzier*, 1673. In-4, v. br.

Volume très-recherché à cause des planches gravées par Is. Silvestre et A. Perrelle.

43. Galleria Riccadiana, dipinta da Luca Giordano, publicata da F. Riccardi, incisa da Lasinio figl. sui disegni di V. Gozzini, sotta la direzione di P. Benvenuti. *Firenze*, *Piatti*, 1822. Gr. in-fol., fig., br.

44. Monumenti di pittura e scultura trascelti in Mantova, o nel suo territorio. *Mantova*, 1827. — Dipinti nuovamente scoperti d'invenzione di Giulio Romano. *Mantova*, 1832. 2 vol. in-fol. avec 30 pl. au trait, broch.

45. Varie pitture a fresco de' principali maestri veneziani, vra la prima volta con le stampe pubblicate. *Venezia*, 1760. Gr. in-fol., 24 pl. gr. par A. M. Zanetti, cart., n. rogn.

46. La Galerie électorale de Dusseldorff, ou Catalogue raisonné et figuré de ses tableaux, par N. de Pigage. *Basle*, *Chr. de Mechel*, 1778. 1 vol. de texte et 1 vol. de planches, in-fol. obl., cart., non rogn.

Belles épreuves anciennes.

47. Beitræge zur Kunstgeschichte. Recueil de gravures ayant rapport à l'histoire des arts, principalement appliquée aux livres, pendant le moyen âge. 125 planches lithographiées par J. A. Ramboux. *Cologne*, 1860. Gr. in-fol., en cart., dos de toile, non rogn.

Exemplaire *en grand papier vélin*. Cette collection, tirée à petit nombre aux frais de l'auteur, n'a pas été mise dans le commerce. Reproduction de miniatures et reliures byzantines, *fac-simile*, portraits de Dante, et tableaux et sculptures de son époque ayant rapport à lui. Tableaux de Giotto au palais d'Avignon (7 planches), etc. On a ajouté un supplément : Croix du moyen âge, 30 planches ; Maries, 5 planches ; Images de saints, 28 planches ; en tout 63 feuilles. Ce supplément, dont la publication a été interrompue par la mort de l'artiste, a été également tiré à très-petit nombre.

48. Scènes de la vie des peintres de l'école flamande et hollandaise, par Madou. *Bruxelles*, *Société des Beaux-Arts*, 1842. Gr. in-fol., broch.

49. Hans Sachs im Gewande seiner Zeit. *Gotha*, *Becker*, 1821. Gr. in-fol., fig. sur bois, cart.

50. Buchdrucker — Geschichte Ulm's. Histoire de l'imprimerie dans la ville d'Ulm, par K. D. Hassler. *Ulm*, *Stettin*, 1840. Gr. in-4, fig. en bois, cart.

Fac-simile d'anciennes gravures en bois.

51. Tafereel der Dwasheit. C'est-à-dire : Le Grand Tableau des dupes ruinées par les actions des sociétés financières véreuses en France, Angleterre et les Pays-Bas en 1720. In fol., veau. (*Première reliure* )

Collection d'une centaine de caricatures grav. sur cuivre, en partie par Rom. de Hooghe, du format grand in-fol., in-fol. et in-4, publiées à l'occasion de la *déconfiture de la banque de Law*, de la société du Mississipi et des autres établissements qui en dépendaient. On y trouve des pièces curieuses, qui rappellent les opérations financières de cette époque.

52. Caricatures anglaises et françaises, noires et coloriées. 1800-1808. 2 vol. in-4 obl., carton. en toile.

Recueil précieux composé principalement de gravures originales, d'après Gilbray, 93 pièces.

53. Funerali antichi di diversi populi et nationi, forma, ordine et pompa di sepolture e essequie, descritti da T. Porcacchi. *Venetia*, 1574. In-fol., fig. de Porro, v. br.

54. Funérailles et diverses manières d'ensevelir des Romains, Grecs et autres nations, tant anciennes que modernes, descrites par Claude Guichard. *Lyon*, *Jean de Tournes*, 1581. In-4, fig. en bois, parch.

55. Sépulture des anciens, où l'on démontre qu'elles étaient hors des villes, par M. Olivier, médecin à Montpellier. *Marseille*, *Moissy*, 1771. In-12, v. écaille.

56. De Ampulla Remensi nova et accurata disquisitio. Acc. parergon de unctione regum. Auct. Ja. Chiffletio. *Antverpiæ*, 1651. In-fol., bas.

57. Descriptions des principales pierres gravées du cabinet du duc d'Orléans, par l'abbé de La Chau et Leblond. *Paris*, 1780-84. 2 vol. in-fol., fig., vignettes et culs-de-lampe, cart., non rogné.

Bel exemplaire.

58. Collection des pierres antiques dont la châsse des SS. trois Rois Mages est enrichie, dans l'église métropolitaine de Cologne. *Bonn*, 1781. In-4, frontisp. gr., et 12 pl., broch. rogn.

59. Images des héros et des grands hommes de l'antiquité, par J. A. Canini, gravées par Picart le Romain. *Amsterdam*, *Bernard*, 1731. In-4, fig., bas.

60. Numismata Pontificum Romanorum quæ a tempore Martini V usque ad annum 1699, in lucem prodiere, expli-

cata a Ph. Bonanni. *Romæ*, 1699. 2 vol. in-fol., grand nombre de planches, vél. cordé.

61. Médailles du règne de Louis XV, par G. R. Fleurimont. *Paris*, *s. d.* In-4, 3 pl. non chiffr. et 78 pl. chiffr., broch.

## II. ÉCRITURE.

62. Underweysung der Messung, mit dem Zirckel und richtscheydt, durch Albrecht Durer. *Gedruckt zu Nurnberg*, 1525. In-fol. goth., fig. en bois, cart.

Le 3e livre, sign. K 1 à M 3, contient la proportion des lettres. Première édition, très-rare. *Geofroy Tory a beaucoup copié dans ce livre, sans nommer sa source.*

63. Champfleury, auquel est contenu Lart et Science de la deue e vraye proportion des Lettres Attiques, qu'on dit autrement Lettres Antiques, par maistre Geofroy Tory de Bourges. *Paris*, *Giles Gourmont*, 1529. Petit in-fol., fig. en bois, parch.

64. Libro di M. Giovambattista Palatino, nel qual s'insegna à scrivere ogni sorte lettera, antica e moderna di qualunque natione. *Roma*, *M. Guidotto et D. Viotto*, 1546. In-4, fig. en bois, parch.

65. Modèles d'écriture gravés en bois, incomplets au commencement. On lit à la fin : *Impssu Tiguri*, *p. Vrb. Wys anno* 1549. In-4 obl., rel. en bois.

Chaque page est entourée d'une bordure également gravée en bois.

66. De furtivis literarum notis, vulgo de Ziferis libri quatuor. Jo. Bapt. Porta autore. *Neapoli*, *apud Jo. Mariam Scotum*, 1563. In-4, fig., vél. (*Aux armes.*)

67. Opera del. Rev. Padre Augustino da Siena, Monaco Certosino, nella quale si insegna à scrivere varie sorti de lettere. *Venetia*, *F. de Tomase di Salo*, 1568. Cart.

Charmants modèles d'écritures, gravés sur bois et entourés de bordures variées.

68. Compendio del gran volume dell' arte del bene et leggiadramente scriuere tutta le sorti di lettere e caratteri, di G.

B. Palatino. *Venetia*, *Sessa*, 1588. Pet. in-4, fig sur bois, cart. (*Quelques mouillures.*)

69. Alphabeta et characteres, iam inde a creato mundo ad nostra usque tempora apud omnes nationes usurpati. Artificiose in ære efficti per Jo. Theod. et Jo. Isr. de Bry. *Francofurti*, 1596. Pet. in-4 obl., cart.

Charmant et très-rare volume

70. Exempelen Nederlandscher Schriften. Modèles d'écriture grav. sur cuivre par Cornelis Bojssens. *Leyde*, *s. d.* In-fol. obl., front. grav. et portr., vél.

71. T'Magazin der Penn-const. Le magasin de l'art d'écrire, par David Roedlands. *Vlissingen*, 1616. In-fol. obl., front. grav. et portr., vél.

72. Schat van verscheyden Schriften. Le Trésor d'écriture, par Marie Strick, directrice de l'école française à Rotterdam. Grav. par Hans Strick. *Roterdam*, 1618. In-fol. obl., portr., vél. (*Légère mouillure.*)

73. Specimen artis scriptoriæ in usum et commoditatem studiosæ juventutis. Scriptum, cælatum et impressum a Sam. de Suæf. *Middelburgh*, *s. d.* In-folio obl., front. grav., vél.

74. Alfabeto in sogno esemplare per disegnare, di Gius. Mitelli, pittore bolognese, 1683. In-fol., 25 planches, cart.

Alphabet grotesque, rare en anciennes épreuves comme notre exemplaire.

## III. VUES DE VILLES, DE CHATEAUX, ETC.

75. Braun et Hogenberg. Civitates orbis terrarum in æs incisæ et excusæ, et descriptione topografica, morali et politica illustrata. *Coloniæ*, 1572-1618. 6 tom., 3 vol. gr. in-fol., veau à compart. (*Anc. rel.*)

Collection remarquable et rare, qui contient de nombreuses vues et plans de villes de France, d'Espagne, de Belgique, d'Angleterre, etc., d'après les dessins de Hœfnagel.

On remarque sur les belles planches un *grand nombre de costumes* français, espagnols, basques, italiens, allemands, anglais, flamands, hollandais, etc.

76. Il primo (e segundo) libro delle citta e forterezze principale del mondo. (*Venetia*), 1567. 2 part. en un vol., in-4, veau.

2 frontisp. gr. et 37 planches à l'eau-forte, par P. Forlani et D. Zenoi. On y trouve un curieux plan de Paris.

77. Androuet du Cerceau. Le premier (et second) volume des plus excellens bastimens de France. *Paris*, 1607. 2 t. en 1 vol., in-fol., parch.

Exemplaire grand de marges et parfaitement conservé. Belles épreuves pour cette édition, publiée après la mort de l'auteur.

78. Les Plans et Profils de toutes les principales villes et lieux considérables de France, par le sieur Tassin, *Paris*, *Tavernier*, 1634. 2 vol. in-4 obl., fig., v. fauve.

79. Vues de Versailles, de Fontainebleau, de Marly, de Saint-Germain-en-Laye, de Meudon, des Tuileries, du Palais-Royal, de St-Cloud, de Chantilly, de Vaux-le-Vicomte, de Sceaux, de Liancourt, de Chaville, de Chambord, du Raincy, de Richelieu, de Louvois, d'Ancy-le-Franc, etc. A peu près 250 planches par Perelle. In-fol. obl., bas.

Belles épreuves.

80. Habitations des personnages les plus célèbres de France, depuis 1690 jusqu'à nos jours, dess. par A Regnier, et lithogr. par Champin (avec texte par Ch. Nodier). *Paris*, *s. d.* In-fol. obl., 100 pl. sur chine, d.-rel.

81. Topographia Alsatiæ, das ist Beschreibung des obern und untern Elsass. *Francfurt*, *M. Merian*, 1644. — Topographia Helvetiæ, Rhetiæ et Valesiæ. *Francfurt*, *M. Merian*, 1642. — 2 vol. en un, in-fol., mar. rouge, dentelles, tr. dor. (*Anc. rel. aux armes de Choiseul.*)

Épreuves superbes des nombreuses planches.

82. Theatrum statuum Sabaudiæ ducis, Piemontis principis. *Amstelodami*, *Blaeu*, 1682. 2 vol. gr. in-fol., fig. (sans les 2 portraits), vél. dor., tr. dor.

Première édition. Les épreuves de nombreuses planches sont très-belles.

83. Topographiæ Beschreibung und Abbildung der vornehmsten Oerter, durch M. Zeiller. *Francofurti ad Mœnum*, 1642-72. 21 vol. in-fol., rel.

Exemplaire complet, avec la table générale, d'un ouvrage recherché à juste titre à cause des jolies planches (cartes, vues et plans) grav. par Merian. La *Topographia Galliæ*, 13 part. en 4 vol., est ici en première édition.

M. Brunet commet une erreur en disant que la *Topographia Germaniæ infer.* ne se trouve pas dans la description de M. Elbert; c'est la même chose que le *Circulus Burgundiæ*. (Nº 14 de sa liste.)

84. Martini Zeilleri. Itinerarium Italiæ (avec texte en allemand). *Francofurti*, *Merian*, 1640. In-fol., vél. dor.

Grand nombre de vues et de plans grav. par M. Mérian. Ces planches, gravées d'après des dessins originaux, sont très-belles.

85. Antiquæ urbis splendor, hoc est præcipua ejusdem templa, amphitheatra, theatra, arcus triomphales, mausolea, aliaque somptuosioræ ædificia, pompæ, item triumphalis et colossæarum imaginum descriptio, opera Jac. Lauri. *Romæ*, 1610. Plusieurs centaines de planches grav. en taille-douce, in-fol. obl., mar. rouge à riches comp., tr. dor. (*Première reliure*, *aux armes.*)

86. Torelli Saraynæ Veronensis de origine et amplitudine civitatis. *Veronæ*, 1540. In-fol., portr. et belles planches d'ornementation grav. en bois, v.

87. Cremona fidelissima città et nobilissima colonia de Romani, rappresentata in disegno... da Ant. Campo. *Milano*, *Bidelli*, 1645. Gr. in-4, portr. et fig., cart., non rogn.

88. Monasterologia in qua insignium aliquot Monasteriorum familiæ S. Benedicti in Germania describuntur. Auctore Car. Stengelio. *Augustæ Vindelicorum*, 1619. In fol., fig. en taille-douce, cart.

Ouvrage rare et bien exécuté.

89. Alterthümer und Naturansichten im Moselthale bei Trier (Antiquités et vues de la vallée de la Moselle aux environs de Trèves, par J. A. Ramboux et H. Wyttenbach.) *Trier*, 1824. 4 livraisons, très-gr. in-fol.

90. Delineatio montis a metropoli Hasso-Cassellana uno circiter milliari distantis, opera J. F. Guerneri. *Cassellis*, 1749. Gr. in-fol., cart.

Avec 18 grandes planches représ. les grands ouvrages d'eau et le château du *Wilhemshœhe*, près de Cassel. (Texte latin et français.)

91. Basilica Carolina opus grande, non homini sed deo præparata habitatio, Mannhemii Palatina in metropoli ædificata. *Mannhemii*, 1757. In-fol., grand nombre de planches, cart.

Parmi les planches on remarque deux beaux portraits grav. par J. G. Wille.

92. Lodovici Guicciardini. Descritione de tutti i Paesi Bassi.

*In Anversa, Chr. Plantin*, 1588. In-fol., fig., v. (*Exemplaire de Fr. Raphelengius.*)

93. Voyage pittoresque et militaire de Willenberg en Prusse jusqu'à Moscou, fait en 1812, pris sur le terrain même, et lithographié par Albert Adam. *Munich*, 1828. Gr. in-fol., 56 planches avec texte, cart. (*Rare.*)

94. Géographisches Handtbuch, durch Matthis Quaden. *Cœln, Jo. Buxemacher*, 1600. In-fol., 82 cartes, vél. vert.

Jolies vignettes.

## IV. PORTRAITS, COSTUMES, MŒURS ET COUTUMES, ETC.

95. Les images de presque tous les Empereurs, depuis J. Cæsar jusqu'à Charles V..., par Hubert Gholtz. *Anvers, G. Coppenius de Diest*, 1559. In-fol., v. br.

Avec les portraits des empereurs en médaillon et en clair-obscur. Rare avec le texte français.

96. Illustrium imagines. *Impressum Romæ, apud Jac. Mazochium*, 1517. Pet. in-8, portraits et médaillons et bordures grav. en bois, vél.

97. Imagines et elogia virorum illustrium et eruditor. ex antiquis lapidibus et numismatib. expressa, ex bibliotheca Fulvi Ursini. *Venetiis, Dehuchino*, 1570. — Illustrium viror. ut exstant in urbe expressi vultus. *Romæ, formis A. Lafrerii*, 1569. 2 vol. en un, in-fol., grand nombre de planches, vél. à comp.

98. Icones sive imagines virorum litteris illustrium, additis eorundem elogiis diversorum auctorum, recensento Nic. Reusnero. *Argentorati, Jobinus*, 1587. Pet. in-8, cart.

Grand nombre de portraits gravés sur bois, par T. Stimmer. Chaque page est entourée d'une bordure gravée.

99. Icones sive imagines, etc. Ex secunda recognitione N. Reusneri. *Argentorati, Jobinus*, 1590. Pet. in-8, parch.

Seconde édition, avec les mêmes portraits; les pages n'ont pas de bordures gravées.

100. Icones sive imagines virorum literis illustrium, ex secunda recognitione N. Reusneri, curante Bernhardo Iobino *Argentorati*, 1590. Nombreux et beaux portraits de savants des XV^e^ et XVI^e^ siècles, vél.

101. Icones sive imagines vivæ literis cl. virorum Italiæ, Græciæ, Germaniæ, Galliæ, Angliæ, Ungariæ. *Basileæ, C. Valdkirch*, 1589. — Icones aliquot clarorum virorum Germaniæ, Galliæ, Ungariæ : cum elogiis Th. Zvingeri. *Basileæ*, 1589. — 2 parties en 1 vol., petit. in-8, vél.

Avec 89 portraits gravés sur bois par T. Stimmer ; on y trouve entre autres ceux de Dolet, Io. Fischer Roffensis, Th. Morus, S. Brandt, etc.

102. Præstantium aliquot theologorum qui Rom. Antichristum præcipue oppugnarunt effigies, quibus addita elogia librorumque catalogi, opera J. Verheiden. *Hagæ Comitis*, 1602. In-fol., portraits par H. Hondius, cart.

Première édition.

103. Jacobi Ph. Tomasini illustrium virorum elogia. *Patavii*, 1630. — J. Ph. Tomasini elogia virorum literis et sapientia illustrium. *Patavii*, 1644. — 1 vol. in-4, vél.

Le premier ouvrage renferme 48 planches par David ; le second en contient 35 grav. par Greuter.

104. Musæum historicum et physicum Ioh. Imperialis. *Venetiis, apud Juntas*, 1640. 56 portraits, d.-rel. vél.

105. Icones legatorum præcipuorum tam Monasterii quam Osnabrugæ, pacis universalis orbi Christiano conciliandæ causa nunc existentium. *Amstelodami*, *J. Janssonius*, 1648. In-fol., 25 portr. par Suderhof et P. Holsteyn, cart.

Très-rare avec le titre.

106. Celeberrimi ad pacificandum Christiani nominis orbem legati Monasterium et Osnabrugas et omni pene gentium nationumque genere missi, ad vivum Ans. van Hulle penicillo expressi. *Antverpiæ*, *D. Middelerius*, 1668. Gr. in-fol., cart.

Première édition. Exemplaire avec les portraits avant les numéros.

107. Comitium gloriæ centum qua sanguine qua virtute illustrium heroum iconibus instructum. *Augustæ*, 1646. In-fol., cart.

Cent portraits par Wideman (le n° 86 manque). On rencontre dans cette collection beaucoup de portraits de célèbres Polonais et Hongrois.

108. Theatrum pontificum, imperatorum, regum, ducum, principum pace et bello illustrium. *Antverpiæ*, *P. de Jode*, 1651. 2 vol. in-4, 243 portraits, cart.

109. Vite et azzioni di personaggi militari e politici, descritti del conte Gualdo Priorato. *In Viena*, *M. Thurnmayer*, 1674. In-fol., nombreux portraits grav. s. cuivre, parch.

110. Bildersaal heutiges Tages lebender Schriffsteller. (Galerie des auteurs contemporains, avec texte allem., par J. Brucker.) *Augsbourg*, 1744 –55. 10 part. en 1 vol., in-fol., bas.

Avec 100 beaux portraits grav. en manière noire, par J. Haid.

111. Ehrentempel der deutschen Gelehrsamkeit, von J. Brucker. *Augspurg*, 1747. In-4, d.-rel.

Avec 50 portraits gravés en manière noire, par J. J. Haid.

112. Portraits de tous les souverains de l'Europe et des hommes illustres modernes, dess. par M. Meyer. *Paris*, *s. d.* In-4, 24 portraits avec notices biographiques, cart.

113. Collection de cent silhouettes des personnes illustres et célèbres, dessinées d'après les originaux. *Gotha*, 1793. In-4, cart. (*Taché.*)

114. Die Bilder-Welt. Galerie denkwürdiger Persönlichkeiten. (Le Monde en images. Galerie de personnes célèbres contemporaines.) *Leipzig*, 1856—66. 3 vol. in-fol., broch.

Avec des milliers de portraits gravés sur bois.

115. Gallerie der Herrscherinnen. (Galerie des régentes, avec notices biographiques par Braun). *Leipzig*, 1851. In-4, 10 pl. color., broch.

116. Portraits dessinés à la plume, exécutés vers la fin du XVII^e^ siècle, et représentant en général des empereurs de l'Allemagne, des papés, etc. 29 pièces en 1 vol., pet. in-4, cart.

On y remarque aussi les portraits du faux Démétrius, de Jean Sobiesky et Étienne Bathory.

117. Gallerie bedeutender Leute. (Galerie d'hommes célèbres, acteurs, auteurs, musiciens, carricatures par A. Wolff.) *Dusseldorf*, *s. d.* 3 cahiers avec 36 planches color.), in-8.

118. Portraits par Moncornet. 257 pièces in-4, non rogn.

Exemplaire à toutes marges. On trouve rarement une collection aussi complète.

119. Portraits des rois de France, par de Larmessin. *Paris*, *Hurand*, *s. d.* In-4, grand nombre de portraits, cart.

120. Les Hommes illustres qui ont paru en France pendant ce siècle, avec leurs portraits au naturel, par M. Perrault. *Paris*, 1696—1700. 2 part. en 1 vol., in-fol., bas.

Exemplaire qui contient les biographies et les portraits de Pascal, Arnauld, Thomassin et Ducange. Belles épreuves.

121. Les Illustres Français, ou Tableaux historiques des grands hommes de la France, publ. par Ponce, d'après les dessins de Marillier. *Paris*, *s. d.* In-fol., frontisp et 43 pl., d.-rel.

122. Austrasiæ reges et duces epigrammatis, per Nicolaum Trelæum Mozellanum descripti. *Coloniæ*, 1591. In-4, portr. en médaillon par Woieriot, cart.

123. Oude hollandische Geschiedenissen. (Anciennes Histoires de la Hollande, depuis le déluge jusqu'en 1560, en vers rimés par C. Wachtendorp.) *Amsterdam*, 1645. In-4, fig. et port., vél.

124. Dit is die Afcoemste en de Genalogie der Hertoghen ende Hertogin van Brabandt... tot op Cars. de V, ende met zynen sone Philippus Conninck van Spaengien. *Gheprint Thantwerpen by Jan Mollijns*, 1565. In-fol. goth., cart.

Avec 70 grands portraits grav. sur bois.

125. Les (cinquante quatre) effigies des souverains, princes et ducs de Brabant, avec leur chronologie, armes et devises, gravés en taille-douce. *Paris*, *Meyssens*, *s. d.* In-fol., cart.

Beaux portraits par Collins, P. de Jode, C. Waumans, P. van Schuppen, etc.

126. Toneel der Hooft-Ketteren. Galerie des hérétiques, grav. en cuivre par C. v. Sichem. *Middelburgh*, *Goere*, 1677. In-fol., cart.

Portraits de Joris, Servet, Faust, Jan van Leyden, Knipperdollinck, etc., au nombre de 21,

127. Belgiæ pacificatorum vera delineatio. Pourtraicture

vraye des pacifiateurs des Pays-Bas. *Hagæ Comitis*, *H. Hondius*, 1608. Frontisp. gr et 23 port., cart.

Philippe III, Henri IV, Albert d'Autriche, Moriz de Nassau, P. Janin, Richard Spencer, etc.

128. Genealogia ill. Com. Nasoviæ in qua origo, incrementa et res gestæ ab iis ab anno 682 ad præsentem hunc 1616, collecta ex variis monumentis a Joa. Orlers. *Lugduni Bat.*, 1616. In-fol., avec 16 portraits et arbres généalogiques gr., v. br.

129. Illustris Academia Lugd. Batava, id est virorum clarissimorum icones, elogiæ ac vitæ qui eam scriptis suis illustrarunt. *Lugd. Bat.*, *A. Cloucquius*, 1613. Pet. in-4, port. grav. en taille-douce, vél.

130. Le Fondateur, les premiers curateurs, professeurs et hommes célèbres de l'Académie de Leide, avec le plan et profil de la ville, etc. *Leide*, *P. van der Aa*, *s. d.* In-folio, 159 pl., cart.

131. Ritratti et elogii di capitani illustri che ne' secoli moderni hanno gloriosamente guerreggiato, descritti da G. Roscio, A. Mascardi, F. Leonida, O. Tronsarelli e altri. *Roma*, *Rossi*, 1646. In-4, 135 portraits en taille-douce, d.-rel. vél.

132. Elogii d'huomini letterati scritti da L. Crasso. *Venetia*, *Combi e de La Nou*, 1666. In-4, grand nombre de portr., vél.

133. Iconografia, cioè disegni d'imagini de famosissimi monarchi, regi, filosofi, poeti ed oratori dell' antichita, cavati da G. A. Canini. *Roma*, *J. de Lazari*, 1669. In-fol., fig. (114) par Valet, veau f., tr. dor.

134. Vite et azioni di personnagi militari e politici descritte dal conte Gualdo Priorato. *Vienna*, *M. Thurnmayer*, 1674. In-fol., grand nombre de portraits grav. par T. Sadeler, Bouttats, Taisnière et autres, veau f., tr. dor. (*Rel. anc.*)

135. Scena d'huomini illustri d'Italia del Co. Gal. Gualdo Priorato. *Venetia*, *Giuliani*, 1659. In-4, grand nombre de portraits, bas.

136. Vite et ritratti d'illustri Italiani. *Padova*, *Bettoni*,

1812-20. 2 vol. grand in-4, 61 port., d.-rel. mar. v., non rogn.

Jolis portraits de Napoléon, Leonardo da Vinci, Christophe Colomb., Galilée, des deux Manuce, Améric Vespuce, du Dante, Pétrarque, Boccace, etc.

137. Pauli Jovii vitæ duodecim vicecomitum Mediolani principum. *Lutetiæ, ex off. Rob. Stephani*, 1549. In-4, fig. en bois, v.

Les beaux portraits portent la marque de Geofroy Tory.

138. Azioni gloriose de gli illustri Fiorentini espresse co' loro ritratti nelle volte dell' imp. Galleria di Toscana. *Firenze, s. a.* Grand in-fol. obl., 52 jolies planches par Pazzi, Franceschini et autres, cart., non rogn.

139. Le Glorie de gli Incogniti, o vero gli Huomini illustri dell Academia de' Sign. Incogniti di Venetia. *Venetia, F. Valuasense*, 1647. In-4, grand nombre de portraits grav. en taille-douce, cart., non rogn.

140. Vite et ritratti di venticinque uomini illustri. *Padova, tipografa della Minerva*, 1823. In-fol., pap. vél., d.-rel. mar. vert.

Les portraits ont été gravés par Bisi, Longhi, Anderloni, Caporali et autres. On y remarque ceux de Charles V, Pierre le Grand, Shakespeare, Henri IV, Franklin, Washington, etc.

141. Siculæ nobilitatis Amphitheatrum sacris, pontificiis, primiscuis insignitum, a nostratibus imaginibus exornatum, auctore F. Baronio ac Manfredi (*Panormi*), *A. Martarelli*, 1639. In-4, port., cart.

142. Francisci Tertii Bergomatis pictoris aulici Austriacæ gentis imagines Gaspar Pavinus incisor. *Œniponti*, 1569. 5 part. en 1 vol., in-fol. max., cart.

Ce volume, très-rare, contient 58 planches représ. les empereurs et les grands hommes de l'Autriche. C'est la seconde édition, qui contient une planche de plus que celle de 1558.

143. Tirolensium principum comitum ab anno 1229 usque ad 1590 genuinæ eicones. *Augustæ Vindelicorum, Jo. Prætorius*, 1590. In-fol., 23 beaux port. par D. Custodis, veau gr.

144. Portraits des grands maîtres de l'ordre Teutonique. *S. l. n. d.* (vers 1720). 48 planches en 1 vol., in-fol., cart.

145. Icones et elogia virorum aliquot præstantium qui Mar-

chiam nostram illustrarunt, ex collect. M. F. Seidel. *Berolini*, 1751. In-fol., avec 108 port., cart.

146. Portraits des électeurs et rois de Brandebourg et de Prusse de la maison de Hohenzollern. (*Leipzig*, 1856.) 17 port. grav. sur bois et en clair-obscur, gr. in-4.

147. Vitæ et effigies procancellariorum Academiæ Altorfinæ, editæ a S. J. Apino. *Norimbergæ*, 1721. —J. J. Baieri biographiæ professorum medicinæ in Academia Altorfina. *Norimbergæ*, 1728. 1 vol. in-4, grand nombre de portr. par Kilian, d.-rel. vél.

148. Vitæ theologorum altorphinorum, descriptæ a G. G. Zeltner. *Norimbergæ*, 1722. In-4, fig., grand nombre de port. par Kilian, vél.

149. Illustrium Helvet. gentis pictorum imagines, edente J. C. Fuesslin. 39 jolies planches grav. par Schellenberg, in-8, br.

150. Regum Daniæ icones. (*Hafniæ*, 1646.) In-fol., 102 portraits par Haelweg, plus deux autres portraits ajoutés, veau à comp. en or, tr. dor. (*Première reliure.*)

Volume très-rare. Le texte, en face des portraits, est en vers latins, danois et allemands.

151. Portraits historiques des hommes illustres de Danemark, remarquables par leur mérite, leurs charges et leur noblesse, avec leurs tables généalogiques (publ. par T. Hofmann). *Copenhague*, 1746. 7 part. en 1 vol., in-4, grand nombre de beaux portraits et gravures, bas.

Exemplaire complet, avec les Mémoires de Giffenfeld, Adler et Tordenskiold.

152. Geschichte der Könige von Dænemark, aus den Oldenburgischen Stamme, durch J. H. Schlegel. *Kopenhagen*, 1769-77. 2 tomes en 1 vol., in-fol., port. par M. Preisler, d.-reliure.

153. Catalogus ducum regumque Bohœmorum, in quo summatim gesta singulorum, singulis Distichis continentur. (*Pragæ*), 1540. In-4, nombreux port. grav. en bois, cart.

154. Gloria universitatis Carolo Ferdinandeæ Pragensis. *Pragæ* (1672). In-4, cart.

Avec un grand nombre de portraits et une grande vue des bâtiments de l'Université.

155. Abbildungen Bœhmischer und Mæhrischer Gelehrten und Künstler. (Portraits et biographies de savants et artistes de la Bohême et de la Moravie, par F. M. Pelzel.) *Prag*, 1773-82. 4 vol. in-8, avec 116 port., d.-rel. (*Rare.*)

156. Portraits de la famille impériale de Russie, à partir de Mich. Feodorowitch Romanoff, publ. par H. Benner et grav. par Mécou et autres. In-fol., dans un carton.

Exemplaire de souscription.

157. Icones et vitæ principum ac regum Poloniæ omnium, adornatæ atque collectæ a Salomone Neugebauero de Cadano. *Francofurti ad Mœnum, L. Jennis*, 1620. In-4, port., cart. (*Quelques petites piqûres.*)

Avec l'autographe : Hunc librum concessit Reverendissimæ suæ dominationis servus humillimus Balthasar Casimirus Debsky. Polonus, capellanus ill. baronis de Biboni, legati ad Regem Catholicum.

158. Kunstreiche Eygentliche Bildnussen, etc. (Portraits des rois de Pologne, à partir de Lechs jusqu'à Sigismond II, avec un texte par S. Neugebauer.) *Francofurti ad M., J. de Zetter*, 1644. In-4, port., cart.

159. Effigies ducum et regum Hugariæ, in applausu oblatæ, dum Josephus coronatus Hungariæ rex lætatur. *S. l.*, 1687. Grand in-fol., parch.

Le volume contient, outre un frontisp. gr., 60 beaux portraits, de la grandeur des pages, des rois et ducs de Hongrie, entourés de bordures. Il est d'une grande rareté.

160. Wahre Abbildungen der Türckischen Kayser. (Portraits des Sultans turcs.) *Francfort, J. Ammon*, 1648. Pet. in-4, cart.

Avec 47 planches richement ornementées et grav. par Th. de Bry. Le frontisp. est déchiré.

161. Vetus Academia Jesu-Christi iconibus illustrata, a Th. Spizelio. *Augustæ Vind.*, 1671. — Templum honoris reseratum in quo L. illustrium ævi huius theologorum icones exhibentur. *Aug. Vind.*, 1673. 2 tomes en 1 vol., grand nombre de portraits, vél.

162. Accuratæ Effigies Pontificum Maximorum, ab anno 1378 ad ætatem nostram præsidentium, cum elogiis Onuphrii Panvinii. (Texte latin et texte allemand par J. Fischaert.) *Argentorati*, 1573. In-fol. cart.

27 portr. grav. sur bois par T. Stimmer, avec bordures variées.

163. Effigies, nomina et cognomina S. D. N. Alexandri

Papæ VII et RR. DD. Card. nunc viventium. *Romæ, J. de Rubeis*, 1658. In-4, 74 portraits par Clouwet et Testana, parch.

164. Portraits d'ecclésiastiques et autres, en général par Desrochers. Plus de 300 pièces montées.

165. Portraits des abbés des abbayes de Cîteaux, d'Ebrach, Morimond, Meran, Orlamund et Fruhending. *S. l. n. d.* 39 planches color., grav. par J.-P. Demleutner, in-fol., cart.

166. Imagines præpositorum generalium Soc. Jesu, delineatæ et æneis formis expressæ ab Arn. van Westerhout, cum vitæ descriptione a P. N. Galeotti. *Romæ, Monaldini*, 1751. Gr. in-fol., avec 17 portraits. (Texte en latin et italien.) Cart., n. rogn.

167. Portraits des archevêques de Mayence, grav. vers 1760 par Rücker. 1 vol. in-fol., 58 planches, d.-rel.

168. Portraits des évêques de Wurzbourg et de Bamberg, par Salver. *Wurzbourg* (vers 1715), environ 100 portr., en 1 vol. in-fol., cart.

169. Præstantium aliquot theologorum qui Rom. Antichristum præcipue oppugnarunt effigies, quibus addita Elogia, librorumque catalogi, opera J. Verheiden. *Hagæ Comitis*, 1602. In-fol. Nombreux portraits grav. en taille-douce, cart.

Première édition.

170. Das gesamte Augspurgische Ministerium. (Les ministres de l'Eglise d'Augsbourg, depuis la réforme de Luther jusqu'en 1748. *Augsbourg*, 1748-49. 3 part. en 1 vol., in-4, d.-rel. vél.

Avec 200 portraits grav. en manière noire par Rein, plus 8 planches représ. les églises d'Augsbourg.

171. Verzaameling van afbeeldingen der voornaame doopsgezinde leeraaren. (Collection des plus célèbres prédicateurs des Mennonites.) *Amsterdam*, 1780. In-8, 30 portraits par Folkema et autres, broch.

172. Aurei sæculi imago, sive Germanorum veterum vita, mores, ritus et religio. Iconibus delineata et comm. descripta auct. Abr. Ortelio. *Antverpiæ, apud Ph. Gallæum*, 1594. 14 feuillets in-4, d.-rel. vél.

Petit volume très-rare, orné de 10 charmantes eaux-fortes à mi-page.

173. Images des Saints et Saintes issus de la famille de

l'empereur Maximilien Ier, d'après les dessins de Hans Burgkmair, gravés en bois par H. Franck, C. Liefrinck, A. Lindt, J. de Negker, W. Resch, H. G. Taberith, N. Seeman et autres. 69 planches gr. in-fol., vél.

*Tirage original*, dont on ne connaît que trois exemplaires, celui de la Bibliothèque impériale de Vienne, celui qui a été découvert par nous et qui a figuré dans le catalogue Chedeau, et le présent. Les épreuves sont de la plus grande beauté ; un certain nombre des planches ont au verso un texte manuscrit en allemand. Quelques raccommodages dans les marges.

174. La Danse des Noces, par Hans Scheufelein, reproduite par J. Schratt. Avec une notice biographique sur Hans Scheufelein par le docteur Andresen. *Paris*, 1865. In-fol., cart. (*Exemplaire en papier ancien.*)

Beaux costumes du commencement du XVIe siècle.

175. Habitus præcipuorum populorum, tam virorum quam fœminarum singulari arte depicti. *Norimbergæ*, *Hans Weigel*, 1577. In-fol., cart.

Joli livre de costumes avec grav. sur bois par Jean Weigel. L'exemplaire est incomplet de quelques planches.

176. Omnium fere gentium imagines, sculpsit A. Bruynus. *S. l.*, 1577. In-fol., frotisp. gr. et 48 planches pliées, bas. (*Incomplet des planches* 2, 9 *à* 12 *et* 20.)

177. Costumes de tous les pays du monde, par Abraham de Bruyn. *S. l.*, 1581. In-fol., cart.

111 planches bien gravées.

178. Le Navigationi e Viaggi fatti nella Turchia di Nicolo de Nicolai del Delfinato. *Venetia*, *Fr. Ziletti*, 1580. In-fol., fig. à l'eau-forte, d.-rel.

Belles planches de costumes.

179. De gli habiti antichi et moderni di diverse parti del mondo, da Cesare Vecellio. *Venetia*, *D. Zenaro*, 1590. In-8, fig. sur bois, maroq. rouge, dos et coins ornés, fil., tr. dor. (*Hardy.*)

Très-bel exemplaire de la première édition.

180. Habiti antichi et moderne di tutto il mondo, di Cesare Vecellio. *Venetia*, *Sessa*, 1598. In-8, fig. sur bois, bas.

Incomplet de quelques feuillets. Plusieurs planches sont légèrement tachées.

181. Habiti antichi, overo Raccolta di figure delineate del gran Titiano e da Cesare Vecellio suo fratello, diligamente intagliate conforme alle nationi del mondo. *Venetia*, *Combi*

*et La Nou*, 1664. In-8, 415 costumes grav. en bois, peau de tr.

Bel exemplaire, absolument non rogné.

182. Ständ und Orden der H. Römischen catholischen Kirchen, durch. J. A. Lonicerum. *Francßfurt*, *Feyrabend*, 1585. In-4, vél. rouge.

Première édition, avec 102 gravures sur bois par J. Amman.

183. Stænd und Orden aller geistlichen Personen. Les Costumes du clergé romain, par Josse Amman. *Franckfurt*, *Feyrabend*, 1585. Pet. in-4, fig. en bois, vél.

Plusieurs feuillets réemmargés.

184. Ernewrtes Geschlechterbuch der Reichs-Statt Augsburg. C'est-à-dire : La première, seconde et troisième (dernière) partie des costumes des patriciens d'Augsbourg, avec leurs blasons, gravés sur acier par Jean Burgkmair et H. Vogtherr en 1545. Augmentés et publiés de nouveau par P. Zimmermann. *Augsburg*, 1618. 3 part. en 1 vol., avec 162 planches in-fol., mar. brun, dos à la Dusseuil, fil., tr. dor. (*Hardy*.)

Volume de la plus grande rareté. Les trois premières planches (de double grandeur) représentent un tournois, une course en traîneaux, etc.

185. Der Kaiser, Kœnige, Herren von Adel und anderer Kriegshelden Rüstungen. (Les Armures des capitaines des XVe et XVIe siècles qui se trouvent conservées au château d'Ambras, en Tyrol; avec un texte allem. par J. Schrenck de Notzing.) *Ynszprugg*, 1602. Gr. in-fol., avec 125 planches, d.-rel.

Le plus beau et le plus curieux livre qui ait été publié sur les armures. Les planches, entourées de bordures variées, ont été gravées par D. Custodis, sur les dessins de Fontana.

186. La grât nef des folz du môde. A la fin : Cy finist la nef des folz du monde. Premierement côposee en aleman par maistre Sebastien brant docteur en droit. Consecutivement daleman en latin redigée par Jacques Locher... Et de nouuel translate en frâcoys, et *imprimee pour Geoffroy de marnef*, *libraire de Paris*, 1499. Pet. in-fol. goth., veau ant.

Les nombreuses et grandes gravures en bois qui ornent le volume représentent en général les costumes du XVe siècle, et elles sont curieuses sous plus d'un rapport. L'exemplaire, bien conservé, est un peu court de marges en tête.

187. Bergkwerck, 1556. Description (en allemand) des mines qui se trouvent dans le Tyrol. In-fol., bas.

Curieux manuscrit original contenant plusieurs centaines de *beaux dessins coloriés*. Ces dessins représentent les costumes et outils des mineurs, leur manière de travailler, les machines usitées à cette époque, etc.

188. Légende de Domp Claude de Guyse, abbé de Cluny, contenant ses faits et gestes depuis sa nativité jusques à la mort du cardinal de Lorraine. *S. l.*, 1581. Pet. in-8, 10 feuillets lim. et 256 pages, parch.

Bel exemplaire. Ce livre donne un singulier aperçu des mœurs de l'époque.

189. Kunstbuechlin, durch Jost Amman von Nürnberg. *Franckfurt am Mayn*, 1559. Pet. in-4, parch. (*Incomplet de quelques planches.*)

Plusieurs centaines de costumes du XVIe siècle grav. en bois.

190. Frère Philippe d'Angoumois. Les Triomphes de l'amour de Dieu en la conversion d'Hermogènes. *Paris, N. Buon*, 1625. In-4, nombreuses gravures par Crispin de Pas et Léon. Gauthier, bas.

On remarque au verso du titre un beau portrait de Louis XIII. Les figures qui ornent cette histoire d'un enfant prodigue du XVIIe siècle sont curieuses sous le rapport des costumes. L'exemplaire est un peu mouillé.

191. Genealogie der Hertoghen end Hertoginnem van Brabandt. *Gheprint Thantwerpen by Jan Mollyns*, 1565. In-fol. goth., portrait en pied. grav. en bois, v.

192. Principes Hollandiæ et Zelandiæ, domini Frisiæ : auctore Michaele Vosmero cum genuinis ipsorum iconibus. *Antwerpiæ, Ch. Plantinus, excudebat Phil. Gallæo*, 1578. In-fol., maroq. rouge, fil., tr. dor. (*Hardy-Mennil.*)

Très-bel exempl. Recueil de 36 figures en pied représ. les comtes de Hollande depuis Thierry d'Aquitaine jusques et y compris Philippe II. Elles ont été gravées en taille-douce dans l'atelier de Ph. Galle, et sont curieuses sous le rapport du costume.

193. La Grande Chronique ancienne et moderne de Hollande, Zélande, Westfrise, etc. Recueillée par Jan-François Le Petit, greffier de Béthune en Arthois. *Dordrecht, G. Guillemot*, 1601. 2 vol. in-fol., vél.

Belles planches de costumes, grav. en taille-douce par C. van Sichem.

194. Généalogies des forestiers et contes de Flandres. Avec brieue histoire de leurs vies : Recueillies de plus veritables et ancienes Chroniques par Cornille Martin. Ornées des

vrais pourtraits, tirés des anciens tableaux par P. Balthasar. *A Anvers se vendent en la boutique Plantinienne*, 1612. Fig. en taille-douce. — Stam-Buch der Hertzogen zu Cleve. *Arnhem, J. von Biesen*, 1678. Portraits grav. en bois et color. 2 vol. en un, in-fol., vél.

195. Heldenbuch, Schweizerisch, darinn die denckwürdigsten Thaten und Sachen : Gemeiner Eydgnosschafft auffgezeichnet und beschrieben. Schoen und lustig zu lesen. *Basel, M. Wagner*, 1624. In-4, cart.

Le volume contient de belles *eaux-fortes de H. H. Glaser tirées dans le texte.* La bataille de Saint-Jacques, Tell et son fils, costumes militaires, etc.

196. Nurnbergisches Schönbart-Buch und Gesellen-Stechen. *Nurnberg*, 1765. In-4, 10 planches, cart.

Description des fêtes populaires qui avaient lieu annuellement à Nurnberg.

197. Costumes et Vues de Nuremberg. Der heil. Röm. Reichs-Stadt Nurnberg Zierde, herausgeg. von A. Bœner. *Nurnberg*, 1702 (à 1708). In-fol., tit. grav. et 259 pl., d.-rel. vél.

Ce recueil, rarement aussi complet que notre exemplaire, est très-curieux. Outre les planches représentant les bâtiments et curiosités de Nurnberg, on y trouve un grand nombre d'autres gravures donnant les costumes des habitants de cette ville et surtout les processions des différents métiers.

198. Augusta Vindelicorum, illius præcipua templa, portæ, ædificia et cisternæ oculis oblata a S. Grimmio. *Augustæ*, 1678-82. 54 pl. — Costumes d'Augsbourg. *Augsbourg, Wolf, s. d.* 24 planches sur 12 feuillets. 1 vol. pet. in-fol. obl.

199. Recueil de costumes hollandais, hommes et femmes. 19 planches grav. en taille-douce vers 1750. Pet. in-8, cart.

200. Le arti chi vanno per via nella città di Venezia, inventate ed incise da G. Zompini. *Venezia*, 1785. Gr. in-fol., cart., non rogn.

Avec 60 planches d'eaux-fortes des cris de Venise.

201. Monument du costume physique et moral de la fin du XVIII^e siècle, ou Tableaux de la vie, ornés de figures par Moreau le jeune. (Avec un texte par Rétif de la Bretonne.) *Neuwied*, 1789. Gr. in-fol., veau br.

Bel exemplaire d'un ouvrage rare.

202. Esquisses par les artistes et amateurs des arts sur Pa-

ris. 96 figures gravées à l'eau-forte par Duncker, dont l'explication se trouve dans le Tableau de Paris par Mercier. *S. l. n. d.* (*Yverdun*, 1787.) In-4, cart.

Recueil curieux qui représente les mœurs et coutumes des Parisiens vers la fin du règne de Louis XVI. Exempl. du graveur Schellenberg.

203. Costumes et Annales des grands théâtres de Paris, accompagnés de Notices intéressantes et curieuses. Vol. I, 3 part.; vol. III, part. 1 et 2; vol. IV, part. 1re. *Paris*, 1786-89. In-4, nombreuses gravures color. et noires, cart.

Recueil intéressant et très-rare.

204. Les modes de Zurich. *Zurich*, *D. Herrliberger*, 1749. 52 fig. sur 6 planches. — Les crieurs de Zurich. *Zurich*, 1748-51. 3 part. contenant 156 figures sur 18 pl. — Les cris de Bâle. *Zurich*, 1749. 52 figures sur 6 planches. 1 vol. in-fol., cart.

205. Atlas de l'histoire de Russie et des principals nations de l'empire russe, par P. C. Levesque. *Paris*, 1812. In-4, 60 portr., cart.

206. Rerum moscovitarum commentarii Sigismundi Liberi Baronis in Herberstein. Russiæ, et quæ nunc eius metropolis est, Moscoviæ brevis descriptio, etc. *Basileæ*, *Joa*, *Oporinus*, 1556. In-fol., fig. sur bois, vél.

Bel exemplaire, avec toutes les grandes planches, etc.

207. Commentarii della Moscovia et parimente della Russia, et delle altre cose belle et notabili, composti gia latinamente per il signor Sigismondo Libero Barone in Herberstein. *Venetia*, *Pedrezzano*, 1550. In-4, fig. sur bois, vél.

Exemplaire avec la grande gravure pliée, qui se trouve difficilement.

208. Diarium itineris in Moscoviam Ign. Chr. de Guarient et Rall, ab imperatore Leopoldo I ad ser. Tzarum et magnum Moscoviæ ducem Petrum Alexiowicium anno 1698 ablegati, descriptum a J. G. Korb. Acc. reditus S. Tzareæ M. a Provinciis Europæis ad proprios limites, periculosæ rebellionis Streliziorum, etc. *Viennæ Austriæ*, 1700. In-fol., avec 19 pl., d.-rel. mar. viol.

Volume rare, qui a été rigoureusement supprimé peu de temps après sa publication. Une des planches représente l'exécution terrible des Strelitz.

209. Œuvres de J. B. Le Prince, peintre du Roi, contenant plus de 160 planches gravées à l'eau-forte, le tout d'après

ses compositions, reprès. divers costumes et habillements de différens peuples du nord. *Paris*, *Basan*, 1783. Gr. in-fol., cart.

210. Les Kosakes à leur passage en Allemagne l'an 1799. *S. l. n. d.* (1799). In-4, avec 3 pl. col., br.

211. Cérémonie et coutumes religieuses de tous les peuples du monde, représentées par des figures dessinées par B. Picart, avec des explications historiques, etc. *Amsterdam*, 1733-48. — Superstitions anciennes et modernes et préjugés vulgaires qui ont induit les peuples à des usages contraires à la religion. *Amsterdam*, 1733-1736. — 11 t., 9 vol. in-fol., fig., veau.

Bel exemplaire, parfaitement complet, de la meilleure édition de ce célèbre ouvrage.

212. Het boeck Lamberti Hortensii van Monfoort, van den oproer der Weder-doopern. *Enchuysen*, *Lenartz Meyn*, 1614. In-fol. goth., vél.

Avec 14 portraits des plus célèbres anabaptistes, gravés en taille-douce par C. von Sichem, et 9 planches impr. dans le texte.

213. Briève et fidèle exposition de l'origine, de la doctrine, des constitutions, usages et cérémonies ecclésiastiques de l'Église, de l'unité des frères connus sous le nom de frères de Bohême et Moravie. Avec XVI planches (de double grandeur), gravées en taille-douce, où le tout est représenté au naturel. *S. l.*, 1758. In-8, d.-rel.

214. La Religion ancienne et moderne des Moscovites. Enrichie de figures. *A Cologne*, *Pierre Marteau*, 1698. Pet. in-8, cart., non rogn.

215. Pacis Augustanæ Memoriæ Augustanæ, ou Description et représentation des tableaux que l'on distribuait annuellement aux écoliers à partir de 1650 jusqu'en 1790. (Texte en allemand). *Augsbourg*, 1670 et suiv. Gr. in-fol., cart.

Collection complète, composée de 142 ff. de gravures emblématiques et historiques grav. par Kilian, Corvinus, Rugendas, etc., avec texte en vers allemands.

216. Cerimonial de Corts, obra compilada de llochs authentichs, lleys del principat de Cathalunya, antichs y pratichs Doctors per Micer Michel Sarrovira. 1585. *Reimprimit Barcelona*, *per Rafel Figuero*, 1701. In-4, parch.

217. Spectaculorum in susceptione Philippi Hisp. prin. divi Caroli V. Cæs. F. An. M. D. XLIX. Antverpiæ æditorum, mirificus apparatus. *Excus. Antverpiæ, pro Petro Alosten., impressore jurato, typis Ægidii Disthemii*, 1550. Pet. in-fol., fig. en bois, v. à comp. (*Anc. rel.*)

Bel exemplaire, aux armes du duc d'Angoulême et au chiffre deux C entrelacés. Le dos est fleurdelisé.

218. De triumphelyke Incompst van den Prince Philips van Spaignen Caroli V. Keysers sone, inde stadt van Antwerpen 1549. duer Cornelium Grapheum. *Antwerpen voer P. Coecke by Bielis van Diest*, 1550. In-fol., fig. en bois, cart.

Le volume contient les mêmes gravures que le numéro précédent.

219. Descriptio publicæ gratulationis, spectaculorum et ludorum in adventu Ernesti, archiducis Austriæ, Antverpiæ editorum. A Io. Bochio conscr. *Antverpiæ, ex off. Plantiniana*, 1595. Gr. in-fol., fig. par van der Borcht, v.

220. Historica narratio profectionis et inaugurationis S. P. Alberti et Isabellæ, Austriæ Arch. et eorum in Belgium aduentus. Autore Io. Bochio. *Antverpiæ, ex off. Plantiniana*, 1602. In-fol., fig. en taille-douce par Van der Borcht, bas.

221. Description du Jubilé de sept cents ans de S. Macaire, patron particulier contre la peste. Avec le détail des cérémonies, solemnités, cavalcade et des feux d'artifice. *Gand, Jean Mayer*, 1767. Gr. in-4, fig., mar. rouge, tr. dor.

Exemplaire en grand papier de Hollande.

222. Le même ouvrage en petit papier, avec texte en flamand. *Gend, Jan Meyer*, 1767. In-4, fig., cart.

223. Beschryvinge van de Ry - Bende ofte Cavalcade, etc. Description des fêtes données à Bruxelles pour la célébration du quatrième jubilé du S. Sacrement aux miracles. *Brüssel*, 1770. In-4, fig., br.

224. Inclytorum Saxoniæ Sabaudiæque principum arbor gentilitia, Ph. Pingonio autore. *Augustæ Taurinorum, Hæredes N. Beuilaquæ*, 1581. In-fol., fig. sur bois, parch.

Exemplaire qui contient le grand tableau généalogique grav. sur bois, d'une longueur de plus de 3 mètres sur une hauteur de 33 centimètres. Très-rare.

225. Descrizione (fatta de Camillo Rinuccini) delle feste fatte nelle nozze del principe D. Cosimo de Medici e Maria Maddalena, archiduchessa d'Austria. *In Firenze, appresso i Giunti*, 1608. In-4, fig., parch.

Les planches ont été gravées par M. Greuter.

226. Esequie fatte in Venetia dalla natione fiorentina al Ser. D. Cosimo II, quarto gran duca di Toscana, al di 25 di Maggio 1621. *In Venetia, appresso il Ciotti*, 1621. 2 part., 1 vol. in-fol., fig. en taille douce, par Fr. Valeggio, cart.

227. Festa fatta in Roma, alli 25 di Febrario 1634 (in honore del seren. Principe Alessandro Carlo di Polonia), e data in luce da Vitale Mascardi. *In Roma*, 1635. In-4, nombreuses fig. en taille-douce, parch.

228. Ercole in Tebe, festa teatrale rappresentata in Firenze per le nozze de Cosimo III e Margar. Luisa, principessa d'Orléans. *Fiorenza*, 1661. In-4, fig. en taille-douce par Spada, parch.

229. Academia Leidensis, i. e. icones et vitæ illustrissimor. principum Gulielmi princ. Aurangiæ atqu. Mauritii com. a Nassauw itemq. professor., etc., æri omnes incisæ. *Lugd. B.*, 1614. In-4, vél.

Cinquante-quatre portraits très-bien exécutés. Notre exemplaire contient de plus une grande planche pliée représ. une pompe universitaire. Cette planche manque presque toujours.

230. Tafereel der Dwasheit. C'est-à-dire: Le Grand Tableau des dupes ruinées par les actions des sociétés financières véreuses en France, Angleterre et les Pays-Bas en 1720. In-fol., vél. cordé.

Collection d'une centaine de caricatures grav. sur cuivre, en partie par Rom. de Hooghe, du format grand in-fol., in-fol. et in-4, publiées à l'occasion de la *déconfiture de la banque de Law*, de la société du Mississipi et des autres établissements qui en dépendaient. On y trouve des pièces curieuses, qui rappellent les opérations financières de notre époque.

231. Des bekanten Diebes, Mörders und Räubers Lips Tullians und seiner Complicen Leben und Ubelthaten. *S. l.*, 1726. In-4, 13 planches, cart.

232. Gynæceum Silesiacum Ligio Bregense (avec un texte allemand par D. Zepken). *Leiptzig*, 1626. In-fol., cart.

Ce volume, très-rare, a un frontisp. grav. par M. Merian, plus une autre grande planche représ. l'abre généalogique des Piastes.

Sous la même couverture : Ausführliche Beschreibung des Heil. Grabes zu Gœrlitz. (Description exacte du S. Sépulcre de Gœrlitz, fondé par G. Emerich, avec détails sur son voyage à Jérusalem, etc.) *Budissin*, 1721. Avec 2 portraits et une grande planche.

233. Das Neu-Geharnischte Gross-Britannien, das ist Wahre Landes und Standes-Beschaffenheit der Königreiche Engel-Schott und Irlands, von Jacobo II auf Wilhelmum III. *Nurnberg*, 1590. In-4, bas., tr. dor.

Avec 51 planches par Glotsch, Schurz et Azelt ; portraits, scènes historiques, etc.

234. De Spansche Tiranye geshiet in Neder-Landt. *Amsterdam, Corn. Ludowijchsz vander Plasse*, 1621. In-4, goth., avec 21 planches à l'eau-forte, d.-rel.

Le volume contient aussi la description des massacres de la Saint-Barthélemy, avec gravure.

235. Historiæ der Reformatie en vervolginge van de gereformeerde kerken in Vrankryk (Histoire de la réformation et persécution de l'Église protestante en France, par Élie Benoit). *Amsterdam, J. ten Hoorn*, 1696. 2 vol. in-fol., veau.

Les deux volumes sont ornés d'un grand nombre de jolies gravures de Jean Luyken : ces gravures, d'un grand format, représentent les massacres de la Saint-Barthélemy, l'assassinat de Henri IV, les massacres de Tours, Lyon, etc.

236. Relation historique du détrônement du roy de Perse et des révolutions arrivées pendant les années 1722-1725. *Paris*, 1727. 16 pages. — Suite de la relation, avec la liste de ceux qui ont péri. *Paris*, 1727. 4 pages. — 2 br. in-4.

237. Die Pilgerfahrt des Ritters Arnold von Harff. Pèlerinage du chevalier A. de Harff par l'Italie, la Syrie, l'Egypte, l'Ethiopie, la Nubie, la Palestine, la France et l'Espagne, de 1496 à 1499, publ. d'après les manuscrits par E. von Groote. *Cöln*, 1860. In-8, fig. en bois, br.

Exemplaire en grand papier vélin.

238. Jag-u. Weydwerck-Buch. Das ist Beschreibung vom Anfang der Jagten, auch vom Jæger, seinem Horn, Stimm u. Hunden. Wie die zu allerley Wildpret abzurichten. zu pfneitschen, etc., It. von d. Hirsch- Schweins-. Hasen, wil--en Küllen-, Fuchs-, Dachs, Beeren-, Gemsenund Wolfs-Jagt. (Ecole de chasse pour prendre toutes sortes de bêtes

fauves.) *Franckfurt, S. Feyerabendt*, 1582. In-folio, gravures, vél.

Volume rare, orné de nombreuses et belles figures en bois gravées pas Josse Amman.

239. La Caccia dell' ill. Sig. Erasmo di Valvasone, con le annotationi di M. Olimpio Marcucci. *Bergamo*, 1593. In-8, fig. en bois, vél.

240. La Venaria reale, palazzo di piacere e di caccia ideato dall' A. R. di Carlo Em. II, duca di Savoia, disegnato e descrite da Amad. di Castellamonte. *Torino, B. Zapatta*, 1674. Pet. in-fol., fig., bas.

Exemplaire complet, avec toutes les planches.

241. Traité de toutes sortes de chasse et de pêche, contenant la manière de prendre toutes sortes d'oiseaux et de bêtes à quatre pieds, un traité de la volerie, un traité de la grande chasse, etc. *Amsterdam, Roger*, 1714. 2 vol. pet. in-8, fig., v. jasp. (*Bel exempl.*)

242. Scènes de chasse. Joh. El. Ridinger pinxit, delin., sculpsit. *Augustæ Vindel.* 15 planches gr. in-fol. obl., avec texte en français et allem. (*Très-belles épreuves avant les numéros.*)

243. Fauconnerie. Traité de fauconnerie, par H. Schlegel et J. A. Verster de Wulferhost. *Leyde, Arnz et C°*, 1844-1853. Gr. in-fol., dans un carton.

Ouvrage le plus important qui ait paru sur la fauconnerie, tiré à petit nombre. *Les planches de cet exemplaire ont été coloriées avec le plus grand soin.*

244. M. Bartolomeo Scappi. Del arte del cucinare, con il Maestro di casa e il Trinciante. *Venetia, Combi*, 1643. In-4, fr. gr. et 24 planches, d.-rel.

La dernière planche (pliée) représ. la manière de servir les cardinaux au Conclave, les autres donnent les instruments dont on se servait à cette époque pour l'art culinaire, des intérieurs de cuisine, etc.

245. Il Trinciante di M. V. Cervio, ampliato et ridotto a perfettione da Fusoritto da Narni. *Venetia, Varisco*, 1593. Pet. in-4, fig., cart.

246. L'Art de trancher la viande et toute sorte de fruits à la mode italienne, et nouuellement à la françoise, par sieur Jaques Vontet, ecuyer tranchant. In-4, vél.

Manuscrit du XVII^e siècle, orné de nombreuses et belles gravures en taille-douce gravées spécialement pour ce volume.

## V. — ART ET HISTOIRE DE LA GUERRE, ESCRIME, BLASONS, ETC.

247. Flave Vegece Rene, homme noble et illustre, du faict de guerre et fleur de cheualerie, quatre liures. Frontin, des strategèmes. Ælian, de l'ordre et instruction en faict des batailles. Modeste, des vocables du fait de guerre. Pareillement CXX histoires (gravures) concernant le fait de guerre, ioinctes à Vegece. Traduicts fidellement de latin en francois : recollationnez par le polygraphe humble secretaire et historien du parc dhonneur. *Imprime a Paris par Ch. Wechel*, 1536. In-fol., goth., fig. s. bois, parch.

Les belles gravures sont de la grandeur des pages.

248. Le Livre, intitule Vallo, appertenât a gens de guerre auec nouueaulx Chapitres dartifices de feu adioustez. *Imprime a Lyon par Jacques Moderne*, 1529. In-8 goth., fig. en bois, bas. gaufr. (*Incomplet du titre et un feuillet déchiré.*)

On remarque au feuillet 47 la figure d'un scaphandre comme on l'emploie aujourd'hui, et en face de cette page une ceinture de sauvetage.

249. Il govierno della cavalleria leggiera, da Giorgio Basta, governatore in Ungharia et Transilvania. *Oppenheim, Galler*, 1616. In-fol., fig. de Th. de Bry, parch. (*Piqûres dans la marge du fond.*)

250. Historia von der Liga in Franckreich. (Histoire de la Ligue, jusqu'à l'année 1591.) *S. l.*, 1591. In-fol., vél.

Ce volume, très-rare, contient 11 gravures par Hoghenberg; plan de Paris et de ses environs, bataille de Montjoie, bataille d'Aulneau, assassinat des Guise, assassinat de Henri III, etc. Les planches ont été coloriées à l'époque.

251. Origo et historia tumultuum immanissimæque crudelitatis per Cliviam et Westphaliam patratæ. Fidelissime conscripta et tabellis æneis repræsentata. Auct. Eremundo Frisio. *Lugduni Batav., Barth. van der Bild*, 1619. 2 vol. en un, in-8, portraits et grandes planches pliées grav. en taille-douce, vél.

Bel exemplaire d'un volume rare.

252. Les troubles des Pays-Bas, 1571-77. 79 planches par Hoghenberg. In-fol., veau br. à comp. (*Reliure datée de* 1580.)

Premières épreuves.

253. De Leone Belgico eiusque topographica atque historica descriptione liber, Mich. Aitsinger auctore. (*Coloniæ Ubiorum*, *Gerard Campensis*, 1543-85. 2 part. en 1 vol., in-fol., vél.

L'ouvrage contient 142 planches historiques de Hoghenberg, publiées ici pour la première fois avec un texte.

254. Les Marques d'honneur de la maison de Tassis. *Anvers, en l'imprimerie Plantinienne de B. Moretus*, 1645. In-fol., fig., veau.

Cet exemplaire contient la grande planche, gravée par W. Hollar, et représentant les funérailles de J. B. de Tassis en 1588.

255. Polemographia Auraico-Belgica, scriptore W. Baudartio. *Amstelodami*, *M. Colinius*, 1622. 2 part. en 1 vol., In-4 obl., vél. cordé.

Avec 285 planches, copiées en général sur les gravures de Hoghenberg.

256. Belægerung von Ostende. (Le Siége d'Ostende depuis le 5 juillet 1601 jusqu'en automne 1604.) *S. l.*, 1604. 2 part. en 1 vol., in-fol., cart.

Les planches, grav. dans la manière de van der Borcht, sont ici en premières épreuves, avant les numeros.

257. Obsidio Bredana armis Philippi IV, auspiciis Isabellæ ductu. Ambr. Spinolæ perfecta, scrib. Herm. Hugo. *Antverpiæ, ex officina Plantiniana*, 1629. — Dan. Heinsii rerum ad Sylvam ducis, atque alibi in Belgio aut a Belgis anno 1629 gestarum, historia. *Lugd. Batav.*, *ex off. Elzeviriorum*, 1631. 2 vol. en 1, in-fol., fig., vél.

258. Famiani Stradæ de Bello Belgico decades. *Romæ*, *Scheus*, 1640-47. 2 vol., in-fol., vél. cordé.

Édition la plus recherchée, à cause des planches de Baur, J. Miel et autres, qu'elle contient.

259. C. Barlæi rerum per octennium in Brasilia et alibi nuper gestarum sub præfectura J. Mauritii Nassoviæ comitis historia. *Amstelodami*, *Blaeu*, 1647. Gr. in-fol., veau.

Avec 55 planches grav. par Post.

260. Schouburg der Nederlandse Veranderingen. (Tableaux des changements des Pays-Bas, causés par la guerre fran-

çaise, par Romeyn de Hooge.) *Amsterdam, chez l'auteur*, 1674. In-fol., cart.

Avec un beau frontispice et 6 grandes planches allégoriques.

261. Das Verwirrte Europa. (L'Europe embrouillée, ou Description des guerres et révolutions à partir de l'année 1664, par P. Valckenier.) *Amsterdam*, 1677. 2 tomes en 1 gros vol., in-fol., bas.

Avec 73 planches grav. par R. de Hooghe, J. Luyken et C. Hagens.

262. Relatio. Aussführlicher Bericht, was sich mit dem Passawischen kriegsvolck von dem Monat December biss auf den 21 Martii 1611 und weiter in der Cron Böheimb verloffen. *Augspurg, W. Zimmermann*, 1611. In-fol., cart.

Sur le titre, une eau-forte représ. les armes de Bohême, plus 7 planches pliées (dont la première contient une grande vue de Prague), gravées à l'eau-forte par Zimmermann.

263. Œstreichischer Lorberkrantz. (Les lauriers de l'Autriche, ou Description de ce qu'il y a eu de curieux sous les règnes de Mathias et de Ferdinand II, 1617-28, par N. Bellus.) *Franckfurt*, 1627. 3 part. en un énorme vol., in-fol., vélin.

Avec un grand nombre de portraits, cartes, planches historiques, dont une représ. le couronnement de Ferdinand II comme roi de Bohême, etc., etc.

264. Conquista della Ser. Republica di Venezia nella Dalmatia, Epiro e Morea, durante la guerra intrapresa contro Mehemet IV, Imper. de Turchi, descritte da P. M. Coronelli. (*Venezia*), 1686. In-fol., grand nombre de planches, cart.

265. Sacræ Cæs. Mai. Leopoldo has Turcis ereptas et favente Deo eripiendas Hungariæ civitates aliasque Turcicas. *S. d., J. Peters* (*Anvers*, 1686). In-4 obl., veau.

Siége de Vienne. Frontisp. grav. avec 2 portraits, 11 portraits à cheval et 10 planches de scènes de guerre par Romain de Hooghe; plus 97 vues et plans grav. par Peeters, Bouttats et L. Vorstermann.

266. Les Campagnes de Duguay-Trouin. *Paris, chez le Gouaz, s. d.* Gr. in-fol., portr., 16 planches et texte gravé, broch.

267. Repræsentatio belli ob successionem in Regno Hispanico intra 14 annos gest. *Augustæ Vind., s. a.* Très-gr. in-fol., cart.

Frontisp. gr., 1 feuillet de texte et 56 ff. de planches entourées de bordures variées, grav. par Corvinus, Probst et autres, sur les dessins de Paul Decker.

268. Geographische Vorstellung, etc. (Le Théâtre de la guerre de la petite Tartarie et de la Moldavie, et succès des armes de la Russie, en figures et cartes.) *Augsburg*, *Bodenehr*, *s. d.* In-fol. obl., 22 planches et cartes, cart.

269. Thorn affligée, ou Relation de ce qui s'est passé dans cette ville depuis le 16 juillet 1724 jusqu'à présent, par Jablonski, trad. par de Beausobre. *Amsterdam*, 1726. Pet. in-8, fig., vél.

270. Histoire militaire du prince Eugène de Savoye, du prince et duc de Marlborough et du prince de Nassau-Frise, par Dumont et Rousset. *La Haye*, 1729-47. 3 vol. gr. in-fol., bas. (*Aux armes de Colalto.*)

Avec 85 planches grav. en général d'après ou par Huchtenburg.

271. Relation de la levée du fameux siége de Ceuta par les Maures en Afrique, qui a duré près de 32 ans, dont on attribue la levée à la mort de Mulem-Ismaël, roy de Maroc, âgé de 90 ans, qui a laissé près de 200 fils reconnus et prétendant tous à la couronne. *Paris*, 1727. In-4, 4 pages.

272. Les Glorieuses Campagnes de Louis XV, représentées par des figures allégoriques, avec une explication historique par Gosmond. *Paris*, *s. d.* (1747). In-4, planches par Fessard, cart.

273. Illustrirte Kriegs-Chronik. (Chronique illustrée des guerres de 1866 en Allemagne et en Italie). *Leipzig*, 1867. In-fol., grand nombre de gravures sur bois, cart. en toile.

274. L'Art des armées navales, ou Traité des évolutions navales, par le P. Paul Hoste. *Lyon*, *Anisson et Ponsuel*, 1697. 2 tomes en 1 vol., in-fol., grand nombre de planches, vél. cordé.

275. Recueil de navires de guerre et marchands de diverses nations, dessin. par Beaugean. *Paris*, 1812. Gr. in-4, 12 pl., broch.

276. Albrecht Dürer. Etliche underricht, zu befestigung der Stett, Schlosz, und Flecken. *Gedruckt zu Nuremberg*, 1527. Pet. in-fol., fig. en bois, peau de truie.

Bel exemplaire dans sa première reliure, avec la grande planche en 2 feuilles reprs. le siége d'une ville. On a ajouté le feuillet d'errata imprimé *qui a paru beaucoup plus tard*. Notre exemplaire contient de plus un errata manuscrit de la main de H. Tucher, fait à l'époque et différant de celui qui a été imprimé plus tard.

277. Discours sur plusieurs points de l'architecture de guerre, concernant les fortifications tant anciennes que modernes. Ensemble le moyen de bâtir et fortifier une place de laquelle les murailles ne pourront aucune estre endommagées de l'artillerie. Par A. de Pasino, architecte du duc de Buillon. *Anvers*, *Chr. Plantin*, 1579. Gr. in-4, fig. en bois et en taille-douce, vél.

278. Description et breve declaration des Regles générales de la Fortification, de l'Artillerie, des Amunitions et vivres; des Officiers et de leurs commissions, des retranchemens des Camps, des Approches, etc., avec la maniere des feux artificiels, par H. Hondius. Trad. par A. G. S. *Hagæ*, 1625. In-fol., fig., cart.

279. Thalhofer, ou les Combats judiciaires au moyen âge, par N. Schlichtegroll. (En allemand.) *Nuremberg*, *Stein*, 1817. In-fol. obl., fig., br.

280. Arte dell' armi di Achille Marozzo, Bolognese. *Venetia*, *A. Pinargenti*, 1568. Pet. in-4, fig. en taille-douce, parch.

281. Trattato dello schermo d'Angelo Vizani dal Montone, Bolognese, nelquale, discorre all' eccellenzia dell' armi e delle lettere, e intorno all' offesa e diffesa. *Bologna*, *Rossi*, 1588. Pet. in-4, parch.

Avec le portrait de l'auteur et un grand nombre de planches grav. en taille-douce.

282. Di M. Camillo Agrippa trattato di scienza d'arme, et un dialogo in detta materia. *Venetia*, *R. Meglietti*, 1604. In-4, fig. en taille-douce, bas.

283. Scola, overo Teatro nelquale sono rappresentate diverse maniere e modi di parare e di ferire di spada sola, e di spada e pugnale, di Nicoletti Giganti. *Venetia*, *Franceschi*, 1606. In-8 obl.

Avec un beau portrait de l'auteur et de jolies gravures par Odoardo Fialetti.

284. Livre d'escrime, par R. Capoferro. *S. l.*, 1609. 2 ff. prél. et 43 planches gravées par R. Sciaminosi, in-4 obl., vél.

285. La Picca e la Bandiera di Fr. Alfieri, nella quale si mostra per via di figure una facile e nuova pratica e il maneggio e l'uso di essa, con la diffesa della spada. *Padova*,

*Sardi*, 1641. 2 part. en 1 vol., in-4 obl., portr. et grav. en taille-douce, cart., non rogn.

286. Maniment d'armes, d'arquebuses, mousquets et piques, représenté par figures, par Jacques de Gheyn (avec texte allemand). *La Haye* (1608). 3 part. en 1 vol., in-fol., veau br.

L'ouvrage contient 117 grandes gravures, coloriées et rehaussées d'or et d'argent dans cet exemplaire. La pl. 21 de la 1re partie manque.

287. Perrinet d'Orval. Traité des feux d'artifice pour le spectacle et pour la guerre. *Berne*, 1750. In-8, 15 pl., veau marbr., fil., tr. dor.

288. Mercurialis de arte gymnastica libri VI. *Parisiis*, *Du Puy*, 1577. Fig. — Pauli Jovii vitæ duodecim vice comitum Mediolani principum. *Lutetiæ*, *Rob. Stephanus*, 1549. — 2 vol. en un, pet. in-4, v. (*Au dos de la rel. les armes de Richelieu.*)

Les portraits du second ouvrage ont été gravés par *Geofroy Tory*. Le premier ouvrage, orné de nombreuses et belles figures sur bois, a une petite piqûre dans la marge des feuillets 8 à 56.

289. L'Art de la Cavalerie, ou la Manière de devenir bon écuyer, par G. Saunier. *Amsterdam*, *Neaulme*, 1756. In-fol., fig., cart., non rogn.

290. New Wappenbuch. (Armorial de l'Allemagne, par J. Sibmacher.) *Nurnberg*, 1605. In-4 obl., vél.

Charmant et rare volume de 226 planches finement grav., représentant plus de 3,300 blasons. Exemplaire avec le texte.

291. Libellus scutorum seu signorum publicorum regnorum ac sta'uum sacri Romani imperii, quæ singulari diligentia, cura et industria, imaginibus ac coloribus suis, expressit Virgilius Solis, pictor ac civis Norimbergensis. *Jan Bussenmecher excudit*, s. a. Pet. in-4, v. (*Aux armes.*)

292. Exegesis genealogiæ Galliarum regis Henrici IV, opera Jos. Texeræ, Portugall. *Lugduni Batav.*, *ex off. Plantiniana*, 1592. In-4, arbres généalog., vél. (*Aux armes.*)

293. Calendrier armorial de l'ordre de Saint-Georges de Bavière. *Munich*, 1790. In-8, grand nombre de portraits et blasons gravés (avec texte en allemand), v. br.

294. Le Theatre d'honneur et de chevalerie, ou l'Histoire des ordres militaires. De l'Institution des armes et blasons; roys et heraulds d'armes, duels, joustes et tournois, par

A. Favyn. *Paris*, *Fouet*, 1620. In-4, front. grav. et fig., vél.

295. Le Vray théatre d'honneur et de chevalerie, ou le Miroir historique de la noblesse, contenant les combats, les triomphes, les tournois, les joustes, les pas, les emprises ou entreprises, les armes, les combats à la barrière, les carrosels, les courses de bague et de la quintaine, etc.; par Marc Wlson de la Colombière. *Paris*, *A. Courbé*. 1648. 2 part. en 1 vol., in-fol., fig. en taille-douce, mar. noir, tr. dor. (*Anc. rel. aux armes.*)

Bel exempl. Avec la planche du tournoi de la place Royale.

## VI. ENTRÉES, FÊTES, POMPES FUNÈBRES, ÉVÉNEMENTS HISTORIQUES, ETC.

296. Des Fêtes publiques. Les modernes; par J. Grobert. *Paris*, *Didot*, *an X*. In-8, dédicace autographe, br.

297. Précis historique sur les fêtes, les spectacles et les réjouissances publiques, par Claude Ruggieri, artificier du Roi. *Paris*, 1838. In-8, br.

298. Mœurs, usages, fêtes et solemnités des Belges, par Moke. *Bruxelles*, *s. d.* 2 vol. in-12, br.

299. Das Concilium so zu Constantz gehalten ist worden, dcs iars do man zalt von der geburdt unsers erlœsers M.CCCC.XIII Jar. Mit allen handlungen in Geystlichen und Weltlichen Sachen, etc. *Augspurg*, *durch H. Steyner*, 1536. In-fol., rel. en bois rec. de veau gaufr.

Seconde édition, avec les 44 gravures de la première de 1483. Ces gravures sont très-remarquables et importantes pour les costumes, mœurs et coutumes de l'époque. On y trouve des entrées, plusieurs planches représentant le supplice de Jean Huss, 6 gravures des cérémonies de l'Église grecque, etc. Le volume contient encore 1,156 blasons.

300. L'Entrée de l'empereur Sigismond à Mantouë, grav. en vingt-cinq feuilles d'après Jules Romain, par Ant. Bouzonnet Stella. *Paris*, *Joubert*, *s. d.* In-fol. obl., br.

301. Orléans. Aureliæ urbis memorabilis obsidio anno 1428

et Johannæ viraginis Lotharingiæ res gestæ, aut. L. Micquellio. Ad Carolum cardinalem Lotharingum. *Aureliæ, P. Treperel*, 1560. Pet. in-8, vél.

302. Heroinæ nobilissimæ Johannæ Darc Lotharingæ, vulgo Aurelianensis Puellæ historia, aut. Joa. Hordal. *Ponti-Mussi, per M. Bernardum*, 1612. Pet. in-4, avec 3 fig. par L. Gaultier, cart.

303. Theodorici Rysichei germani in laudem sancti Hyvonis oratio, habita in Chrysopolitana Achademia : tota professorum et studiosorum caterua bibulas porrigente auro. *Impressit Jo. Rynmannus Augustæ Vindel.*, 1502. Pet. in-fol., goth., 8 ff. dont le dernier blanc, grande gravure en bois sur le titre représ. saint Yves et ses clients, cart.

Fête académique en l'honneur de saint Yves de Bretagne, célébrée en 1502 à Ingolstadt, en Bavière. Le petit volume est de la plus grande rareté.

304. Historia und Warhaffte Geschicht der vier Kætzer-Mœnch, Prediger-Ordens in der Lœblichen Eydgenossenschaft zu Bern im Uchtland, von wegen derselbigen erschroklichen Uebelthat, Anno 1509 mit Feuer verbrannt. *Magdeburg bey Michel Lother*, 1551. 20 ff. avec fig. en bois, in-4, cart.

Bel exemplaire d'une pièce curieuse et très-rare ; le texte est en partie en vers.

305. Odeporicon, id est Itinerariû Rev. D. Mathei Sancti Angeli card. Gurcensis, quæque in conventu Maximiliani Cæsaris, q. regum Vladislai Sigismundi (regis Poloniæ, magni ducis Lituaniæ, Russiæque, etc.) ac Ludovici memoratu digna gesta sunt, per Ricc. Bartholinum ædita. *Viennæ Austriæ, H. Vietor*, 1515. In-4, front. gravé, vél.

Relation du voyage d'apparat du cardinal de Gurcz pour assister à l'entrevue de l'empereur Maximilien avec les rois de Pologne et de Hongrie. Elle contient un certain nombre de poésies ayant rapport à l'histoire de la Pologne. Très-bel exemplaire.

306. Le Triomphe de l'empereur Maximilien Ier, en une suite de 135 planches gravées en bois d'après les dessins de Hans Burgmaier. (*Vienne*, 1796.) Gr. In-fol. obl., br.

Ces planches ont été gravées de 1516 à 1519, et sont ici en partie publiées pour la première fois.

307. Arc triomphal de l'empereur Maximilien, gravé en bois d'après les dessins d'Albert Durer. *Vienne*, 1799. Très-grand in-fol. obl., cart., non rogn.

308. Entrée de Charles-Quint à Bologne. Gratæ et laboribus æquæ posteritati Cæsareas sanctique patris longo ordine turmas aspice, etc. Nicolao Hogenbergo artifice, Engelberto Bruning socio impensarum. *S. l. n. d.* Gr. in-fol., 40 pl., cart.

Troisième édition, presque aussi rare que les deux premières; les deux éditions postérieures, publiées par Hondius, se trouvent plus communément.

309. Spectaculorum in susceptione Philippi anno 1549 Antwerpiæ ædificatorum mirificus apparatus. *Antwerpiæ, pro Petro Alosten., typis Æg. Disthemii*, 1550. In-fol., avec 29 pl. gravées sur bois d'après les dessins de P. Coeck d'Alost, vél.

310. Le Triumphe d'Anvers faict en la susception du prince Philips, prince d'Espaigne. *Imprimé à Anvers pour P. Coecq d'Alost par G. van Diest*, 1550. In-fol., fig. sur bois, parch.

Mêmes gravures que celles de l'édition précédente; les premier et dernier feuillets contiennent des gravures sur bois qui ne font pas partie de l'édition latine.

311. De Triumphe van Antwerpen. (Entrée de Philippe II à Anvers.) *Antwerpen, G. van Diest*, 1550. In-fol., goth., rel. en bois. (*Piqué.*)

Même ouvrage que le précédent, avec texte en flamand.

312. El felicissimo viaie di Carlo Quinto desde Espana a sus tierras de la baxa Alemana, por Juan Christ. Calvete de Estrella. *En Anvers, en casa de M. Nucio*, 1552. In-fol., fig. sur bois, veau gaufr.

Cet ouvrage, curieux et rare, contient une description exacte de toutes les fêtes qui ont eu lieu lors de l'entrée de l'Empereur dans les différentes villes d'Italie, de France et des Pays-Bas.

313. Pompe funèbre de Charles V, faite à Bruxelles le 29 décembre 1558. Amplissimo hoc apparatu et pulchro ordine pompa funebris Bruxellis a palatio ad Divæ Gudulæ templum processit cum rex Hispanarum Philippus Carolo V, Rom. Imp. parenti mœstissimus iusta solveret. Joannes a Duetecum, Lucas Duetecum fecit. In-fol., 33 pl., vél.

Seconde édition, très-rare.

Dans le même volume : Spectaculorum in susceptione Philippi. 1549, Antverpiæ æditorum mirificus apparatus, per C. S. Grapheum. *Antverpiæ*, 1550, figures sur bois.

314. Pompe funèbre de Charles V, etc. In-fol. obl., veau br.

Seconde édition. L'exemplaire ne contient que les planches 2 à 4, 6 à 33.

315. Amplissimo hoc apparatu et pulchro ordine Pompa funebris Bruxellis a Palatio ad Divæ Gudulæ templum processit cum rex Hispanarum Philippus, Carolo V. Rom. Imp. parĕti mœstissimus iusta solveret: Joannes a Duetecum, Lucas Duetecum fecit. *Henricus Hondius excudit* 1619, *Hagæ Comit.* In-fol., cart.

33 planches chiffrées, dont une très-grande représentant un vaisseau. *Plus 3 grandes planches représentant une Danse des Morts.*

316. Thurnierbuch Warhaffter Ritterlichen Thaten so in dem Monat des vergangenen L X. Jares in und ausserhalb der Statt Wienn zu Ross und zu Fuss gehalten worden, von Hanssen von Francolin, Burgunder, beschriben. *Gedruckt zu Wien durch Raphael Hofhalter auf Polnisch Strzetusky*, 1561. In-fol., fig., cart.

Volume très-rare ; 5 grandes planches pliées, qui se trouvent indiquées dans la série des estampes, seront vendues avec ce numéro.

317. Le giostre, i trionfi, et gli apparati mirabili fatti in Viena alla corte de Ferdinando imperatore. Nella venuta di tutti i figliuoli, e figliuole di sua Maesta Cæsarea. Di Viena il di 7 Agosto 1560. Prospero Brutto. *Bologna*, *Pelegrino Bonardo*, *s. d.* 4 ff. pet. in-4, br., r.

318. Livre de tournois. Thurnierburch, von Anfang, Ursachen, ursprung und herkommen der Thurnier im heiligen Römischen Reich Teutscher Nation. *Franckfurt am Mayn*, *S. Feyrabend*, 1566. In-fol., veau.

L'ouvrage est orné d'un grand nombre de jolies gravures sur bois par J. Amman ; la grande planche pliée se trouve dans cet exemplaire.

319. Thurnier Buch, etc. (Description exacte des tournois faits par ordre de l'empereur Maximilien.) *Franckfurt*, 1566. In-fol., fig. sur bois par J. Amman, bas.

Ce volume forme la seconde partie du livre de tournois de Ruxner. Il a une pagination à part et contient la grande planche pliée.

320. Recueil de soixante-deux planches gravées en taille-douce, par Hoghenberg, et représentant les troubles et guerres de religion de France, de 1557 à 1595. 1 vol in-fol. obl., cart.

Ces gravures sont en partie copiées sur celles de Tortorel et Périssin, généralement connues sous la dénomination de *Premier volume*.

On y trouve les planches du supplice d'Anne du Bourg, des massacres d'Amboise, Cahors, Vassy, du colloque de Poissy, les siéges de Rouen, Dieppe, Saint-Quentin, etc.

321. Autre recueil de soixante-huit planches gravées par Hoghenberg. 1 vol. in-fol. obl., cart.

Ce sont en général les mêmes gravures que celles du numéro précédent; mais d'autres, comme le tournoi de la place Royale et la mort de Henri II, ainsi qu'un grand nombre de pièces concernant les troubles des Pays-Bas, ne se trouvent pas dans le recueil précédent.

322. I grandi apparati e feste fatte in Melano dal Ill. ed Exc. S. il S. Duca di Sessa, governatore dello stato di Melano e capitan generale del Re di Spagna in Italia, e S. M. Marchese de Pescara. generale della caualleria leggeria di sua Mae. in Lombardia, in casa dell' Illustr. S. Gio. Battista Castaldo, marchese di Cassano (da S. Ascanio Centorio d'Hortensij). *In Melano, appresso di Giouann' Antonio de gli Antonij*, 1559. Pet. in-8, 5 ff. lim., 32 ff., chiffr. d.-rel. vél.

Pièce curieuse et à peine connue. Elle est en prose et en vers.

323. Le dieci Mascherate delle Bufole, mandati in Firenze il giorno di Carnouale l'anno 1565. Con la descrizzione de tutta la pompe delle Maschere. *In Fiorenza, appr. i Giunti*, 1565. 56 pages pet. in-8, d.-rel. vél.

324. Il Tempio d'amore, nelquale si contengono le cose d'arme fatte in Ferrara nelle nozze del duca Alfonso e della regina Barbara d'Austria. *S. l.* (*Firenze*), 1566. Pet. in-4, vél. dor., tr. dor. (*Anc. rel.*)

Exemplaire en grand papier.

325. Kurtze doch gegründte Beschreibung des Herrn Wilhelmen, Pfalzgrauen bey Rhein Hochzeitlichen Ehren Fests Und dann was fur herliche Ritterspil zu Ross und Fuess mit Thurnieren in der Fürstlichen Hauptstat Munchen gehalten worden sein. *München, Adam Berg*, 1568. Gr. in-fol., vél.

Relation des fêtes qui ont eu lieu au sujet des noces de Renée de Lorraine et de Guillaume de Bavière.

Cet ouvrage, le plus beau dans ce genre qu'on ait publié au XVIe siècle, contient 15 grandes gravures sur cuivre par N. Solis, artistement coloriées à l'époque. Cet exemplaire est parfaitement complet.

326. Noces de Renée de Lorraine. *München*, 1568. Gr. in-fol., cart.

Même ouvrage que le précédent, mais incomplet de la première grande planche. Les figures n'ont pas été coloriées.

327. Hochzeit des Herzogs Wilhelm von Bayern mit Renata von Lothringen. (Description des noces de Guillaume de

Bavière avec Renée de Lorraine, avec texte allemand, par H. Wirre.) *Augspurg*, *Ph. Ulhart*, 1568. In-fol., d.-rel.

Édition avec gravures sur bois, coloriées à l'époque dans cet exempl., et contenant un texte en vers allemands. Très-rare. (*La grande planche pliée est en parfait état.*)

328. Ordentliche Beschreibung der christlichen hochlœblichen und Furstlichen Beilags, etc. (Description des fêtes données à Vienne, le 26 août 1571, au sujet des noces de l'archiduc Charles et de Marie de Bavière, avec un texte en vers allemands, par H. Wirrich). *Gedruckt zu Wienn in Œsterreich durch Blasium Eberum*, 1571. In-fol., blasons et fig. sur bois color., bas.

Volume de la plus grande rareté, orné de 22 grandes planches représ. des cortéges, des tournois, etc. Voici l'indication de ces planches : 1. J. von Than, maire de Vienne et sa suite. — 2. M. Stortzer. — 3. S. Eyssler. — 4. J. Meystetter. — 5. T. Weiss. — 6. S. Hergershofer. — 7. I. C. Wittiwer. — 8. S. Blaw. — 9. G. Khottler. — 10. S. Wolfing. — 11. A. Weiss. — 12 à 15. Schilmair, Scheller, Kastner, Lauffenawer (porte-drapeaux). — 16. Réception de la fiancée au Danube, 4 ff. — 17. Tournois (Ringelrennen), 2 ff. — 18. Diane et les Nymphes, 4 ff. — 19. Convoi pour le tournoi, 5 ff. — 20. Place de tournois (in der Volia), 7 ff. 21. La cavalcade de Pluton, 4 ff. — 22. Le tournoi à pied, 7 ff.

329. Ordentliche Beschreibung, etc. *Wienn*, 1571. In-fol., vél.

Magnifique exemplaire, mais sans les grandes planches, qui du reste ont été publiées à part et ajoutées à différents exemplaires.

330. Le même livre. In-fol., cart.

Exemplaire incomplet des ff. préliminaires (8), mais avec les grandes planches nos 1, 2, 3, 5, 6, 7, 11 et 19.

331. Descritione della Pompa funerale fatta nelle essequie del Ser. Cosmo di Medici, gran duca di Toscana, nell alma città di Fiorenza il giorno 17 di Maggio 1574. *Fiorenza*, *i Giunti*, 1574. In-4, front. grav., cart.

332. Le Thresor et histoire de la triomphante victoire du corps de Dieu sur l'esprit Beelzebub, obtenue à Laon, 1566. *Paris*, *N. Chesneau*. 1578. 40 ff. prél. et 787 p. — Histoire veritable de la guerison advenue par la misericorde de Dieu... à l'endroict d'une femme, Nicol Obry..., de long temps privée de l'usage de la veuë... à l'attouchement de la relique du chef de S. Jean, Eglise d'Amiens, le 19 mai 1577. *Paris*, *N. Chesneau*, 1578. 1 vol. in-4, parch.

L'exemplaire contient la grande planche pliée. La première pièce publiée par Jehan Boulaise est des plus curieuses.

333. Feste nelle nozze del ser. duca Fr. Medici, e della sua

consorta la Sign. Bianca Capello. Composte da M. R. Gualterotti. *Firenze, i Giunti*, 1579. In-4, fig., cart.

Avec 16 planches gravées à l'eau-forte par A. Baldi et S. Marsili.

334. La joyeuse et magnifique Entrée de Monseigneur Françoys, fils de France et frère unique du Roy, duc de Brabant, d'Anjou, etc., en sa très-renommée ville d'Anvers. *Anvers, Chr. Plantin*, 1582. In-fol., d.-rel.

Avec 21 planches gravées dans le genre de Cock.

335. Mariage de Guillaume, duc de Clèves, Bergues et de Juliers avec Jacoba de Bade, 1585. 10 planches gravées à l'eau-forte, avec texte gravé, en vers allemands. In-fol. obl.

Les planches, en premier état, sont de la plus grande rareté. Elles ont paru plus tard avec un texte en allemand imprimé en caract. mobiles. On a changé les numéros et on a gravé un certain nombre d'autres sujets dans ces mêmes planches.

336. Fürstliche Hochzeit etc. (Noces de Guillaume, duc de Clèves et Juliers, et de Jacobe de Bade, célébrées à Dusseldorf le 10 juin 1585). *S. l. n. d.* In-fol., cart.

36 feuilles gravées par Hoghenberg et coloriées (à l'exception d'une) à l'époque. Cette suite, très-rare, est du second tirage, avant le texte imprimé au verso.

337. Ordentliche Beschreibung, mit was stattlichen Ceremonien und Zierlichkeiten die Röm. Kay. May... den Orden des Guldin Flüss in disem 85 Jahr zu Prag und Landshut empfangen und angenommen. *Dillingen, Jo. Mayer*, 1587. In-4, veau blanc à compart. en or et couleur, tr. dor., gaufr.

Relation des cérémonies faites à l'occasion de l'envoi de l'ordre de la Toison d'or, de la part de Philippe II, à Ferdinand d'Autriche. L'ouvrage est orné de 17 eaux-fortes du peintre Ant. Boys d'Innspruck.
Belle et curieuse reliure de l'époque.

338. Breve Descrizione della Pompa funerale fatta nelle essequie del seren. D. Francesco Medici II, gran duca di Toscana, nella inclita città di Fiorenza, il di 15 di dicembre M. D. LXXXVII. *In Fiorenza, stamp. di Filippo Giunti*, 1587. In-4, fig., maroq. vert, fil., tr. dor. (*Chambolle-Duru.*)

339. De rebus præcipue gestis a Sixto V, Pont. Max. Joa. Bordini carmina. *Romæ, ex of. Jac. Tornerii*, 1588. In-4, belles fig. grav. en taille-douce, procession, fêtes, etc., cart. (*Titre doublé.*)

340. Discours de l'ordre tenu par les habitants de la ville de Rouen à l'entrée du Roy nostre sire. *A Paris, iouxte la coppie imprimée à Rouen*, 1588. 13 pages pet. in-8, cart.

341. Lettres d'un gentilhomme allemant, contenant l'execution et mort du Baron d'Aune, chef des dernieres troupes des Reistres descenduz en France. *Iouxte l'exemplaire imprimé à Paris*, 1588. 8 ff. petit in-8, dont 2 blancs, broch.

342. Descrizzione de la felicissima entrata del Ser. D. Ferdinando de Medici, cardinale, gran duca di Toscana, nella citta di Pisa. Scritta da M. Giovanni Ceruoni da Colle. *Firenze, Marescotti*, 1588. Titre et 68 feuillets pet. in-8, cart.

343. Typus Pompæ funebris habitæ Rothschildii in exsequiis D. Friderici II, Daniæ, Norvegiæ, etc., regis, opera et consilio Henrici Rantzovii. D. Christiano IV dedicatus a Francisco Hogenbergio et Simone Nouellano 1588. In-fol., vél.

Ce volume très-rare se compose d'un frontispice gravé et de 21 planch. doubles gravées sur étain.

344. Discours von der Victori so Königl. Majestät in Franckreich wider den Hertzog von Mayne den 14 Tag Martii 1590 bei Ivry erhalten. *S. l.*, 1590. Pet. in-4, avec une grande planche pliée grav. sur cuivre. (*Un peu mouillé.*)

345. La Pompa funerale fatta dall' Ill. card. Montalto nella traportatione dell' ossa di papa Sisto il Quinto, scritta e dichiarata da Baldo Catani. *Roma, nella stamperia Vaticana*, 1591. In-4, 14 planches par Villamena, veau brun.

346. La Pompa funerale fatta dal Ill. cardinale Montalto nella traportatione dell' ossa di papa Sisto il Quinto, scritta da Baldo Catani. *Roma, stamperia Vaticana*, 1591. In-4. fig., cart.

347. Il Sontuoso Apparato fatto dalla magnifica citta di Brescia nel felice ritorno dell' Ill. vescovo suo il cardinale Morosini (descr. da Alf. Cauriuole). *Brescia, V. Sabbio*, 1591. In-fol., frontisp. gr., vél.

Le volume contient 12 planches, dont plusieurs de grand format, grav. par Leon. Palavicino.

348. Spiegel der Vergänglichkeit. (Enterrement du duc Jean Guillaume, fait à Dusseldorf, le 10 mars 1592. Avec un texte par Th. Gramijn.) *Dusseldorf*, 1592. In-fol., cart.

Frontisp. et 44 planches grav. par Hoghenberg.

349. Rerum Danicarum Frederico II terra marique gestarum historia, bella Ditmarsicum et Suecicum complectens, cum brevi recensione eorum etiam quæ in vitam et mortem prædicti regis inciderunt. Studio et opera Gasp. Ens, Lorchensis. *Francofurti, impensis P. Fischeri*, 1591. In-fol., vél.

Ouvrage très-rare, avec le portrait de Christian IV et les armes de Danemark grav. par H. Wierix, plus 15 pl. pliées, par F. Hoghenberg. Dans le même volume : De rebus gestis Friderici secundi epigrammata, scripta a J. Lauterbachio. *Francofurti, Wechel*, 1592. Fig. sur bois et portr. par Hub. Goltz.

350. Descriptio publicæ gratulationis, spectaculorum et ludorum in adventu Ser. Pr. Ernesti, archiducis Austriæ..., anno 1594 Antverpiæ editorum, a Joa. Bocchio conscripta. *Antverpiæ, ex off. Plantiniana*, 1595. In-fol., cart.

Avec un frontisp. et 34 gravures par P. van der Borcht.

351. Baptême à Cassel. Historische Beschreibung der Fürstlichen Kindtauff Fräwlein Elisabethen zu Hessen im Augusto 1596. *Cassel, W. Wessel*, 1598. 2 part en 1 vol., in-fol., vél.

Première et très-rare édition. L'ouvrage contient 2 frontisp. et 77 pl. grav. par W. Dilich ; elles représentent des entrées, tournois, mascarades, feux d'artifice, etc.

352. Descrittione de gli apparati fatti in Bologna per la venuta di N. S. papa Clemente VIII. *Bologna, V. Benacci*, 1599. In-4, d.-rel.

Avec 7 eaux-fortes par Guido Reni (B. 24-32).

353. Drey schöne und lustige Bücher von der Hohen Zollerischen Hochzeyt... Herr Eytel mit dem Fräwlein Francisca... Beschryben durch M. Jac. Frischlinum. *Augspurg*, 1599. In-4, avec 26 gravures sur bois, d.-rel.

Texte en vers.

354. Labyrinthe royal de l'Hercule gaulois triomphant, sur le suject des fortunes, batailles, victoires, trophées, triomphes, mariage, etc., de Henry IIII, roy de France, représenté à l'entrée triomphante de la Royne en la cité d'Avignon. *Avignon, Iaques Bramereau*, 1600. In-fol., fig., veau.

355. Labyrinthe royal de l'Hercule gaulois triomphant, sur le suject des fortunes, batailles, mariage..., de Henry IIII, roy de France, représenté à l'entrée triomphante de la Royne en la cité d'Avignon. *Avignon*, *Bramereau*, 1608, In-fol., d.-rel.

Frontisp., portr. du Roi et de la Reine, plus 12 planch. par Greuter. Exemplaire Louis-Philippe.

356. Labyrinthe royal, etc. In-fol.

Le même livre, mais sans les 2 portraits, et dont le texte s'arrête à la page 204.

357. Beschreibung der Ritterspiel, so Herr Moritz auf die fürstlichen Kindtauffen Frewlein Elisabeth... halten lassen, durch W. Dilich. *Cassel*, *Wessel*, 1601. In-fol., vél.

Seconde édition, avec les mêmes planches, mais autrement disposées. L'exemplaire n'en contient que 75. Voir le nº 351.

358. Historica narratio profectionis et inaugurationis S. B. Pr. Alberti et Isbellæ, Austriæ archiducum..., auctore J. Bochio. *Antverpiæ*, *in officina Plantiniana Jo. Moreti*, 1602. In-fol., v. br.

Titre et 31 grandes planches grav. dans le genre de van der Borcht.

359. Const-thoonende Juweel by de loflijcke stadt Haerlem, en versoecke van Trou moet blijcken in't licht gebracht. *Zwol*, *Zach. Heyns*, 1607. In-4, cart.

Réunion des différentes chambres de rhétorique des Pays-Bas en 1607, avec 31 planches, dont plusieurs représentent des entrées.

360. Const-thoonende Juweel by de stadt Haerlem. *Zwol*, 1607. In-4, fig., vél. cordé.

Seconde édition de la même année que la précédente; on la connaît aux inscriptions des grandes planches qui sont ici en caract. romains, tandis que dans la première elles sont en gothique.

361. Decrizione delle feste fatte nelle reali nozze di Cosimo de' Medici e Maria Maddalena d'Austria. *Firenze*, *Giunti*, 1608. In-4, vél.

Avec 5 planches à l'eau-forte par M. Greuter.

362. Pompe funèbre de Charles III du nom, duc de Lorraine, faicte à Nancy. Le tout gravé en plusieurs estampes par Frederic Brentel sur les dessins de Claude de la Ruel et recueilly par le sieur Fossard, ordinaire de la musique du Roy. (*Nancy*, *Blaise André et H. de Loye*, 1608.) Gr. in-fol., parch.

Exemplaire complet, avec le texte imprimé en caractères mobiles. Les exemplaires comme celui-ci sont de la plus grande rareté.

363. Repræsentatio der fürstlichen Aufzüg und Ritterspiel. (Représentation des cavalcades et tournois faits en 1609 à Stuttgart, au sujet du mariage de Jean-Frédéric, duc de Wurtemberg, et de Barbara-Sophie de Brandebourg, imprimée par B. Küchler, citoyen et peintre de Schwaebisch Gmund.) *S. d.* In-fol. obl., vél. (*Aux armes de Wurtemberg.*)

Première édition. Frontisp. grav., 1 f. de texte et 240 planches grav. dans le genre de Brentel.

364. Esequie d'Arrigo Quarto, re di Francia e di Navarra, celebrate in Firenze da Cosimo II, gran duca di Toscana, descritte da G. Giraldi. *Firenze, Sermatelli*, 1610. In-fol, cart.

Volume rare, orné de 26 planches à l'eau-forte par A. Rosaccio.

365. Voyage du Roy à Metz. L'occasion d'iceluy : Ensemble les signes de resiouissances par ses habitans, pour honorer l'entrée de sa Majesté. Par Abr. Fabert. (*Metz, A. Fabert*), 1610. Pet. in-fol., fig., d.-rel. mar. rouge, tr. dor.

Rare. Bel exempl. avec le plan et la carte.

366. Warhaffte Historische Beschreibung. (Description des noces de Jean-Frédéric, duc de Wurtemberg, et de Barbara-Sophie de Brandebourg.) *Stuttgart*, 1610. 1 vol. de texte in-fol., rel. en veau br. à comp., et atlas dans un carton.

Seconde édition, qui contient 225 planches tirées de l'édition de 1609. (Il en manque plusieurs à cet exemplaire.) Voir le n° 363.

367. Couronnement de l'empereur Mathias I. (Avec texte allemand.) *Augspurg, P. W. Zimmerman*, 1612. In-fol., cart.

Sur le titre une eau-forte, plus 9 grandes planches pliées gravées par Zimmerman à l'eau-forte. (D'après la table il en faudrait 13.)

380. Electio et coronatio... Mathiæ I... tabulis æneis adumbrata. (*Francofurti, J. Th. de Bry*, 1612.) In-fol. obl., cart.

Quatorze planches par de Bry, coloriées et rehaussées d'or à l'époque (la 14e est noire), avec texte en vers latins. Suite rarissime.

381. Actus electionis et coronationis Mathiæ I. *Francofurti*, 1612. In-4, 107 pages, cart.

382. Warhafftige Beschreibung und eigentliche Abbildung

aller Züge und Victorien der Herren Staten der Vereinigten Niderländischen Provintzen... durch Raht und That des Maurits von Nassau. *Leyden*, 1612. In-fol., vél.

Portrait de Maurice de Nassau par Natham, et 42 planches par Dolendo, Bast, etc.

383. Les Courses de bague faictes en la place Royale, en faveur des heureuses alliances de Frâce et d'Espagne, par les princes et seigneurs de France. *A Paris, pour Jean Millot et Jean de Bordeaulx,* 1612. 4 ff. pet. in-8, cart.

384. Beschreibung der Reiss, etc. (Description du voyage, du retour, de l'entrée à Heidelberg, et des fêtes données à cette occasion en l'honneur de Frédéric V, comte palatin du Rhin, et de la princesse Elisabeth d'Angletere, fille de Jacques Ier.) *S. l., chez G. Vögelin*, 1613. In-4, 25 planches par J. Th. de Bry, parch.

Volume très-rare. On a ajouté un autre ouvrage allemand sur le même sujet, publié à Cologne en 1613.

385. Alma et illustris Academia Leidensis, idest, Icones atque vitæ ill. principum comitum à Nasseau, professorum Leidensium, etc. *Lugduni Bat.*, 1614. In-4, portr., cart.

Exemplaire avec la grande planche représ. une cavalcade des étudiants de Leide.

386. La Royale Réception de leurs maiestés très-chrétiennes en la ville de Bourdeaus, ou le Siècle d'or ramené par les alliances de France et d'Espagne. *A Bourdeaus, S. Millanges*, 1615. Pet. in-8, mar. rouge, plats ornés, tr. dor. (*Première reliure.*)

Volume rare, en prose et en vers.

387. L'estrange et véritable accident arrivé en la ville de Tours, où la Royne couroit grand danger de sa vie, sans le marquis de Rouillac et M. de Vignolles. *Paris, G. Marette*, 1616. Pet. in-8, 8 pages, cart.

388. Repræsentatio der fürstlichen Aufzug und Ritterspiel, etc. (Représentation des cavalcades, tournois et fêtes donnés à Stuttgart en 1616, au sujet du baptême de Frédéric, duc de Wurtemberg, avec un texte en allemand par Es. van Hulsen). *Stuttgart*, 1616. In-fol. obl., parch.

L'ouvrage contient 75 planches grav. par Merian. On a ajouté à cet exemplaire un grand nombre de doubles, à cause de quelques différences, de sorte que nous trouvons ici un total de 116 gravures.

389. L'ordre tenu en la déclaration du Roy, sur la détention de la personne de monsieur le Prince. *Orléans, Grégoire Meryeux* (1616.) Pet. in-8, cart.

Description de toute la cérémonie.

390. Le Tombeau du maréchal d'Ancre. *Paris, Bouriquant*, 1617. — Les Larmes de la marquise d'Ancre, sur la mort de son mary. Avec la détestation de ses crimes et forfaicts. *Paris, Est. Perrin*, 1617. — Actions de grâces et resiouissances sur la mort du marquis d'Ancre. *Paris, N. Alexandre*, 1617. Et d'autres pièces. — Pet. in-8, vél.

Le volume contient de plus une grande planche gravée en taille-douce, à six compartiments, représ. l'assassinat du maréchal, la mutilation de son corps, etc.

391. Baptême et noces à Stuttgart. Aigentliche Warhaffte Delineation unnd Abbildung aller fürstlichen Auffzüg und Ritterspilen. (Représentation des cavalcades et tournois faits à Stuttgart du 13 au 17 juillet 1617, au sujet du baptême du prince Ulric et des noces de Louis-Frédéric, duc de Wurtemberg, publ. par E. von Hulsen.) (*Stuttgart*, 1617.) Gr. in-fol. obl., cart.

Titre gravé et 91 planches, toutes gravées par J. Brentel, à l'exception des planches 23 à 30, qui sont de M. Merian. Exemplaire avec toutes les pièces mobiles qui cachent plusieurs personnages des différentes cavalcades.

392. Discours sur le sujet de la mort du Seigneur Struard, decapité devant le chasteau du Louure à Paris. *Paris, Ant. du Breuil*, 1617. In-8, 8 pages, br., r.

393. Histoire miraculeuse des eaux rouges comme sang tombées dans la ville de Lens et és enuirons. Extraicts d'une lettre de Thomas Mont-Sainct, chirurgien en la dite ville. *Paris, S. Moreau*, 1617. In-8, 7 pages, br. r.

394. Casamientos de España y Francia, y viage del duque de Lerma llevando la reyna Doña Ana de Austria al passo de Beobia. Por P. Mantuano. A don Francisco Calderon. *En Madrid, en la Emprenta real, por Thomas Junti*, 1618. Pet. in-4, front. gr., cart.

395. Arrest de la Cour de parlement donné en conséquence du feu advenu à Paris qui a embrazé et consommé le pont aux Changeurs et pont Marchant. *Paris, Morel et Métayer*, 1621. Pet. in-8, 12 pages, cart.

396. Esequie fatte in Venetia dalla natione fiorentina al ser. D. Cosimo II, quarto gran duca di Toscana. *Venetia, il Ciotti*, 1621. In-fol., avec 19 belles planches grav. par F. Valeggio, cart.

397. Bruslement des moulins des Rochelois. La defaicte de M. de la Noue. Et la blessure de Montpouillant. Ensemble la Conversion du ministre de Touars et de son fils. *Paris, A. Vitray*, 1621. Pet. in-8, 14 pages, cart.

398. Viagem da Cath. R. Mag. del Rey D. Felipe II as Reyno de Portugal, e rellaçâo do solene recebimento que nelle se lhe fez S. M., por J. B. Lavanha. *Madrid, Th. Junti*, 1622. In-fol., bas.

Avec titre gravé et 15 planches par Chorquens d'après D. Vieira. Exemplaire médiocre.

399. Théatre funèbre où sont représentez les funérailles de plusieurs princes et la vie, trespas et magnifiques obseques de Albert le Pie, faits à Bruxelles le 12 mars 1622, par Adr. de Meerbeeck, d'Anvers. *Bruxelles, F. de Hoymaecker*, 1622. Pet. in-8, front., cart.

400. Pompa funebris... Alberti Pii archiducis Austriæ, veris imaginibus expressa a J. Francquart. *Bruxellæ*, 1623. In-fol. obl., cart.

Première édition. Titre gravé par Galle, 12 ff. de texte (en latin, français, flamand et espagnol) et 64 planches.

401. Entrée du Roy à Tolose. *Tolose, par Raim. Colomiez*, 1622. In-8, 6 ff. lim., 146 pages, et un feuillet d'avis au lecteur, vél. (*Anc. rel. aux armes.*)

Bel exemplaire.

402. L'Entrée du Roy et de la Royne dans sa ville de Lyon, ou le Soleil au signe de Lyon. Ensemble un sommaire récit de tout ce qui s'est passé dans la ville de Lyon le 11 décembre 1622. *Lyon, J. Jullieron*, 1624. In-fol., 14 pl. par Audran, Mallery, Huret et autres, parch.

403. L'Entrée du Roy et de la Royne en la ville de Lyon, faite le dimanche 11 décembre 1622. Avec l'ordre et cérémonies qui y furent observées sur ce suiet. *Paris, vefue Abraham Saugrain*, 1622. 4 ff. pet. in-8, cart.

404. Breve racconto della trasportatione del corpo di Papa Paolo V dalla Basilica di S. Pietro à quella di S. Maria

Maggiore. *Roma, B. Zannetti*, 1623. In-fol , 18 planches par Th. Cruger, vél.

405. Combat d'honneur concerté par les IIII elemens sur l'heureuse entrée de madame la Duchesse de la Valette en la ville de Metz. Ensemble la Resiouissance publicq concertée par les habitans de la ville et du pays sur le mesme subject. (Par le P. Jean Motet, de Briançon.) *S. l. n. d.* (*Metz, A. Fabert*, 1624.) Pet. in-fol., fig. en taille-douce, d.-rel. mar. r., tr. dor.

Rare.

406. Aulico Politica darin gehandelt wird von Erziehung und Information Junger Herren, durch G. E. Löhneyss. *Remlingen*, 1625. Gr. in-fol., d.-rel. peau de tr.

On trouve dans le volume, outre le portrait de l'auteur gravé à l'eau-forte, d'autres portraits gravés sur bois et entourés de cadres variés, par Moses Tym. Mais ce qui donne surtout de la valeur au livre, c'est la grande planche gravée sur bois, d'une largeur de 1 mètre 64 cent. sur 40 cent. de hauteur, et qui représente l'enterrement du duc Henri-Jules de Brunswick. Cette planche a été gravée par Val. Weiss.

407. Ehren Gedechtnus des Durchleuchtigen Fürsten und Herren, Ludwigen Landgraven zu Hessen. (Enterrement du Landgrave Louis de Hesse.) *Marpurgi, apud Nicolaum Hampelium et C. Chemlinum* (1626.) In-fol., cart.

Grand nombre de jolies planches dont les sixième et septième contiennent deux jolis portraits en pied.

408. Kurtzer Summarischer Bericht, etc. (Relation des cérémonies qui ont eu lieu à l'occasion de l'érection de la nouvelle église évangélique de Ratisbonne.) *Regenspurg*, 1627. Pet. in-4, cart.

Avec deux grandes planches pliées par M. Merian.

409. Amore prigioniero in Delo, torneo fatto da Sign. Academici Torbidi in Bologna, li 20 di Marzo 1628. *Bologna, Benacci, s. d.* In-fol., 15 planches de G. B. Coriolano, vél.

410. Beschreibung der Begrebnuss. (Description de l'enterrement de Jean-Guillaume, duc de Clèves et Bergues, fait à Dusseldorf, le 30 octobre 1628, avec un texte par A. vom Kamp.) *Dusseldorf*, 1629. In-fol. obl., parch.

Volume très-rare, composé de 39 planches finement gravées. Le frontispice gravé est déchiré, et quelques planches sont tombées.

411. Eloges et discours sur la triomphante réception du Roy en sa ville de Paris, après la réduction de la Rochelle. *Paris, P. Rocolet*, 1629. In-fol., d.-rel.

Avec 16 planches gravées par Alb. Boss. On a ajouté à cet exemplaire un grand portrait de Louis XIII par Moncornet (avec une vue de la Rochelle), et la vue de Paris d'après Callot, M. Tavernier, etc.

412. Histoire curieuse de tout ce qui s'est passé à l'entrée de la Reyne mère dans les villes des Pays-Bas. Par le Sr. de la Serre. *Anvers, Imprimerie Plantinienne*, 1632. In-fol., fig. de C. Galle, d.-rel.

413. La Contesa, torneo fatto in Ferrara per le nozze di G. F. Saccetti coll' ill. signora Beatrice Estense Tassona, descr. da Fr. Guitti. *Ferrara*, 1632. In-4, 6 eaux-fortes, par l'architecte F. Guitti, cart.

414. Le Voyage du prince D. Fernande, infant d'Espagne, cardinal, depuis le 12 avril 1632, qu'il partit de Madrid, jusques au jour de son entrée en la ville de Bruxelles, 1634. Par D. Ædo et Gallart, trad. par Jule Chifflet. *Anvers, Cnobbaert*, 1635. Pet. in-4, vél.

415. Viage del infante D. Fernando d'Austria de abril 1632, que salió de Madrid, hasta 4 de Novembre 1634, que entrò en Bruxellas, por Diego de Ædo y Gallart. *Amberes, Cnobbaert*, 1635. In-4, fig., parch.

416. Pompa introitus honori Ferdinandi Austriaci Hispaniarum infantis a S. P. Q. Antverp. decreta et adornata anno 1635; arcus, pegmata iconesque a P. P. Rubenio inventas et delineatas illustrabat C. Gevartius. *Prostant apud H. Ærtssens et G. Lesteenium, s. d.* In-fol. max., vél.

Seconde édition, qui contient les mêmes planches que la précédente.

417. Festa fatta in Roma alli 25 di Febrajo 1634, e data in luce da Vitale Mascardi. *Roma*, 1635. In-4, frontisp., et 11 grandes planches grav. par F. Collignon, d'après A. Sacchi, vél.

Bel exemplaire dans sa première reliure.

418. Ser. Principis Ferdinandi Hispaniarum Infantis triomphalis introitus in Flandriæ metropolim Gandavum, auct. Guil. Berano. *Antverpiæ, ex off. Joa. Meursii*, 1636. Gr. In-fol., 42 planches gravées en taille-douce, vél., tr. dor. (*Aux armes.*)

Les figures ont été gravées par C. Galle, P. de Jode, A. v. d. Does et autres, d'après les dessins de Rubens, de Grayer.

419. Serenissimi principis Ferdinandi Hispaniarum infantis triomphalis introitus in Gandavum, auctore G. Becano. *Antverpiæ*, *Meursius*, 1636. Gr. in-fol., d.-rel.

Avec 42 planches d'après Rubens et C. de Grayer, gravées par C. Galle, P. de Jode, etc. (Incomplet des planches 3 et 23).

420. Applausi festivi fatti in Roma per l'elezione di Ferdinando III al regno de' Romani, dal Ser. Pr. Maurizio di Savoia, descritti da L. Manzini. *Roma*, *Facciotti*, 1637. 2 part. en 1 vol., in-4, vél.

Avec un frontispice de 10 planches pliées, représentant en général des feux d'artifice, gravées sur les dessins de l'architecte N. Torniolo, par L. Ciamberlano.

421. Funerale fatto nel Duomo di Torino alla memoria di Vittorio Amedeo, duca di Savoia, alli 18 di decembre 1637, descritto da L. Giuglaris. *Torino*, *heredi di G. D. Tarino*, 1638. In-fol., vél.

Avec un frontispice et 2 grandes planches pliées.

422. Monumentum sepulcrale ad Principis Mauritii Hassiæ Landgravii memoriam gloriæ sempiternam erectum Cassellis. *Prostat Francofurti apud Jo. Ammonium*, 1638. In-fol., vél.

Première édition, composée de 418, 216 et 90 pages, et 4 ff. de table, et ornée de 30 belles planches, gravées par J. von der Heyden et J. Schweitzer.

423. Marie de Médicis entrant dans Amsterdam, et la réception faicte par les bourgmaistres et bourgeoisie de la ville d'Amsterdam. Trad. du latin de G. Barlæus. *Amsterdam*, *Blaeu*, 1638. Gr. in-fol., fig. et portr., v. à comp. (*Bel exemplaire.*)

424. Blyde inkomst der Koniginne Maria de Medicis t'Amsterdam. (Entrée de Marie de Médicis à Amsterdam, avec texte hollandais par C. van Baerle.) *Amsterdam*, *Blaeu*, 1639. 15 grandes planches par Nolpe et Savry. — Verhael in forme van Journael. (Relation en forme de journal du voyage et séjour de Charles II, roi de la Grande-Bretagne, en Hollande.) *La Haye*, *Vlacq*, 1660. Portrait du roi par C. van Dalen, et 6 grandes planches par Philippe et Matham. — 1 vol. in-fol., vél. cordé dor., tr. dor.

425. Blyde inkomst, etc. *Amsterdam*, *Blaeu*, 1639. In-fol., fig., cart., n. rogn.

426. Histoire de l'entrée de la Reine Mere du roy tres chres-

tion dans les Provinces Unies des Pays-Bas, par le Sr de la Serre. *Londres, J. Raworth*, 1639. — Histoire de l'entrée de la Reyne Mère dans la Grande Bretagne, par de la Serre. *Londres*, 1639. — Maria de Medicis entrant dans Amsterdam, trad. du latin de G. Barlæus. *Amsterdam, Blaeu*, 1638. — 1 vol. in-fol., cuir de R., tr. dor.

Exemplaire de la princesse Élisabeth d'Angleterre, avec un autographe signé de sa main.

Le premier ouvrage contient 14 gravures, dont une de très-grand format, par W. Hollar; le second en a 13, que l'on peut attribuer au même graveur; le troisième enfin renferme 16 planches *avant les numéros*, gravées par S. Savry et P. Nolpe, sur les dessins de S. de Vlieger, C. S. Moyaert et autres.

427. Pompa introitus honori Ser. Pr. Ferdinandi Austriaci Hispanorum infantis, a S. P. Q. Antuerp. decreta et adornata. Arcus, pegmata, iconesq. a P. P. Rubenio delineatas inscriptionibus illustrabat G. Gevartius. *Antuerpiæ veneunt apud Th. a Thulden qui iconum tabulas sculpsit*, 1641. Gr. in-fol., vél.

43 planches numérotées, plus le portrait à cheval de Ferdinand, gravé par P. Pontius. Première édition.

428. Beschrivinge van de blyde Incomste van hare Maj. van Groot Britannien, Vranckryk en Ireland tot Amsterdam, den 20 Mai 1642. *Amsterdam, P. Nolpe*, 1642. Fig. — Inkomst der Koniginne Maria de Medicis t'Amsterdam. *Amsterdam, Blaeu*, 1639. Portr. et fig. — 2 vol. en un, in-fol., vél. de Holl.

La première pièce est incomplète de 2 planches.

429. Il Bellero Fonte, drama musicale del Sign. V. Nolfi, rappresentato nel Teatro Novissimo in Venetia, da Giacomo Torelli. *Venetia*, 1642. Gr. in-fol., vél., tr. dor. (*Aux armes des Médicis*.)

Frontispice et 10 doubles planches, représentant des décorations de théâtre gravées par G. Giorgi d'après Torelli.

430. Esequie di Maria regina de Francia e di Navarra, celebrate in Firenze d'ordine del G. Duca di Toscana Ferdinando II, e descritte di Simone di Giovanniberti. *In Firenze, per il Maffi e Landi*, 1643. In-4, fig., cart.

431. Racconto delle sontuose esequie fatte alla Ser. Isabella, Reina di Spagna, nella chiesa Maggiore della città di Milano il 22 decembre 1644. *Milano* (1645). In-fol., v. br.

Avec 67 planches gravées d'après les dessins de Stover, par J. P. Blanc et J. B. del Sole.

432. Kurtze Beschreibung und Entwurff alles dessen was bey der Freulein Ludovicæ Mariæ Gonzagæ Hertzogin zu Mantua und Nivers Königl. Majest. Zu Polen und Schweden Gespons geschehenen Einzuge in die Stadt Dantzig sich denckwürdiges begeben. (Relation exacte de tout ce qui s'est passé lors de l'entrée à Dantzig de Louise Marie Gonzague, duchesse de Mantoue et de Nevers, épouse de S. M. R. de Pologne, et de tout le voyage de Dantzigk à Varsovie, par A. J. Martini.) *Dantzigk*, *G. Rhete*, 1646. In-4, fig. sur bois color. et rehaussées d'or, vél.

Volume très-rare.

433. Ausführliche Beschreibung, etc. (Description exacte des noces de Charles, duc de Wurtemberg, et d'Elisabeth Frederique Sophie, margravine de Brandebourg, et des fêtes qui ont eu lieu à cette occasion dans les villes de Bayreuth et Stuttgart.) *Stuttgart*, 1649. In-fol., d.-rel.

La deuxième des 4 grandes planches gravées par Wagner représente un feu d'artifice; la troisième l'entrée à Stuttgart.

434. Le Pompa della solenne entrata fatta nella citta di Milano dalla Ser. Maria Anna Austriaca, sposa del Pot. Filippo IV, Monarcha delle Spagne. *Milano*, *Malatesta*, 1649. In-fol., d.-rel.

Avec 21 eaux-fortes de J. C. Stover, J. Cotta, G. B. del Sole et H. Ouadri.

435. Arbustum an arboretum poetice, variis arborum figuris et signaturis, varioque carminis genere et variorum authorum applausu germinans et determinans vitam cum fama... Augusti Ducis Brunsvicensis et Lunæburgensis (autore M. Gosky). *Guelpherbyti*, 1650. In-fol., vél.

Avec 38 planches représentant des portraits, emblèmes, cérémonies, etc. On y trouve aussi une vue de l'intérieur de la bibliothèque de Wolfenbuttel.

436. Begræfenise van syne Hoogheyt Frederick Henrick. (Enterrement de Son Altesse Frédéric Henri Friso, dessiné par P. Post et gravé par P. Nolpe.) *Amsterdam*, *Nic. van Ravesteyn*, 1651. Gr. in-fol.

Titre et texte (40 pages), plus 30 grandes et belles planches pliées.

437. Beschreibung und Abris der Furstlichen Leich-Procession, etc. (Funérailles du Margrave Chrétien de Brandebourg, faites à Bayreuth le 11 septembre 1655.) *S. l. n. d.* In-fol. obl., cart.

Frontispice gravé et 39 planches par Luc. Schnitzer, avec texte allemand en dessous des planches.

438. Les Armes triomphantes de S. A. Mgr le duc d'Epernon, pour le sujet de son heureuse entrée faite dans la ville de Dijon. *Dijon*, *Ph. Chavance*, 1656. In-fol., d.-rel.

Volume rare, avec un frontispice et 9 planches (plusieurs en très-grand format) gravées d'après les dessins de Godran par Mathieu.

439. Gründliche Beschreibung der Herrn Johanos Georgen I zu Dresden und Freyberg gehaltener Leichenbegængnisse. (Description exacte de l'enterrement de Jean-Georges Ier, électeur de Saxe.) *Dresden*, 1657. In-fol., 7 planches par Durr, bas.

Dans le même volume : Enterrement de Madeleine Sibylle, Electrice de Saxe (avec texte en allemand). Dresde, 1659, avec 5 planches par Hockner.

440. Beschreibung und Abbildung aller Königl. und Churfürstl. Einzüge, etc. (Description et représentation de toutes les entrées des rois et électeurs à Francfort en 1658, l'élection et couronnement de Léopold Ier, etc.) *Franckfurt*, 1658. In-fol., vél. cordé.

Très-bel exemplaire d'un ouvrage rare qui est orné de 24 grandes planches gravées par C. Merian.

441. Einzüge, Wahl und Crönungs-Acta, etc. (Entrées des électeurs et cérémonies de l'élection et du couronnement de l'empereur Léopold à Francfort-s.-M. *Franckfurt a M.*, *Caspar Merian*, 1658. In-fol., fig., parch. (*Quelques planches endommagées.*)

442. Les Solennités de l'élection et du couronnement de Leopold, empereur des Romains..., ou la description et la représentation de toutes les choses notables qui sont arrivées à Francfort l'an 1658, devant, pendant et après l'élection impériale (texte en latin et en français). *Francfort*, *M. Merian*, 1660. In-fol., cart.

Avec 24 planches par M. Merian.

443. Applausi festivi, barriera rappresentata in Monaco alla venuta di... Leopoldo Augusto nel Gran Teatro presse la residenza di Ferdinando Maria. Poesia del cav. G. B. Maccioni. *Monaco*, 1658. In-4, 22 planches, cart.

444. Les reiouissances de la Paix, avec un recueil de diverses pièces sur ce sujet, par le P. C. F. M. (Menestrier, de la comp. de Jésus). *Lyon*, *B. Coral*, 1660. 2 part., 1 vol. in-8, fig. en taille-douce, v., dent.

445. Il Triompho della Virtu, festa d'armi a cavallo, rappresentata nella nascita del Ser. S. Principe di Modana. *Modana*, *Soliani*, 1660. In-4, parch.

Avec 19 planches à l'eau-forte par T. Stringa.

445 *bis*. Relation en forme de journal du voyage et séjour que le Ser. Prince Charles II, roy de la Grande Bretagne, a fait en Hollande. *La Haye*, *Vlacq*, 1660. In fol., vél.

Avec le portrait de Charles II par C. van Dalen, et 6 grandes planches gravées par Philippe et Mathan.

446. Il Mondo festeggiante, balletto a cavallo, fatto per le reale nozze di Cosimo III e Margherita Luisa d'Orleans. *Firenze*, 1661. In-4, vél.

Avec 3 planches d'Et. della Bella.

447. Ercole in Tebe, festa teatrale rappresentata in Firenze per le nozze di Cosimo III e Margherita Luisa d'Orleans. *Fiorenza*, 1661. In-4, avec 13 planches par V. Spada, vél.

448. L'Entrée triomphante de leurs Majestez Louis XIV et Marie-Thérèse d'Autriche dans la ville de Paris, au retour de la signature de la paix generalle et de leur heureux mariage. *Paris*, 1662. In-fol., fig. de Flamen et de J. Marot, d'après Lepautre, veau.

Exemplaire avec le portrait.

449. Fedra incoronata, drama regio musicale. Attione prima de gli applausi fatti alla nascita di Maximiliano Emanuele, primogenito di Ferd. M. et Enrietta Maria Adelaide, duchi di Bauiera, di P. P. Bissari. *Monaco*, 1662. In-4, avec 12 planches représ. des scènes de théâtre par M. Rusell, d'après F. Santorin, cart.

450. Festiva ad capita annulumque decursio a Rege Ludovico XIV principibus summisque aulæ proceribus edita anno 1662, scripsit gallice C. Perrault, latine reddidit Spiritus Fléchier. *Parisiis*, *Typogr. regia*, 1670. In-fol. max., planches par Chauveau, vél.

451. Courses des testes et de bagues faistes par le Roy et par les princes et seigneurs de sa cour en l'année 1662. *Paris*, *Impr. royale*, 1676. Gr. in-fol., fig., cart.

452. Panegyricus Æternaturæ Gloriæ Jo. Christ. Königsmar-

chio Gottico Hannibali Victoriarum Herculi quam obsequias corporis et animi dotes Regius ac regni consensus dixit, authore A. J. Torquato. *S. l.* (1663.) In-fol., fig. par J. de Visscher, vél.

453. Les Plaisirs de l'Isle enchantée, ou les fêtes et divertissements du Roy à Versailles, en 1664. 9 grandes planches par Isr. Silvestre, sans texte. — Relation de la feste de Versailles, du 18 juillet 1668. *Paris, Impr. royale,* 1679. Planches par Lepautre et Chauveau. 1 vol. gr. in-fol., veau marbr. (*Aux armes de France.*)

454. Les Plaisirs de l'Isle enchantée. *Paris, Impr. royale,* 1673. In-fol., 9 jolies planches par Silvestre, bas.

Texte de 91 pages en manuscrit.

455. Esequie d'Anna Maria Maurizia d'Austria, regina di Francia, celebrate in Firenze. Descritte da Luigi Rucellai. *Firenze, nella stamp. di S. A. S.*, 1666. In-4, grande planche, br., r.

456. Descripcion de las honras que se hicieron a la C. M. de D. Philippo IV, que de horden de la Reyna N. S... dispuso D. B. Barroso de Ribera, y escrivo D. Rodriguez. *Matriti,* 1666. In-4, 47 planches par Villamena, parch.

457. Il Mondo piangente et il Cielo festiggiante nel funerale apparato dell' Esequie celebrate in Roma di Anna d'Austria regina di Francia. *Roma, Tinassi,* 1666. In-fol., veau gr.

Le volume contient, outre un frontispice gravé par G. Vidman, trois grandes planches pliées, gravées probablement par A. Flamen d'après les dessins de Benedetti.

458. Feux d'artifice faits au sujet des noces de Léopold I et Marguerite, infante d'Espagne (texte en allemand). *Viennæ Austriæ,* 1666. In-fol., frontisp. et 3 planches pliées gravées par M. Kusell, cart.

459. Christiano-Albertinæ Inauguratio. Auctore A. J. Torquato. *Schleswig,* 1666. In-fol., d.-rel.

Inauguration de l'Université de Kiel. L'ouvrage contient une soixantaine de pages de musique notée, plus un grand nombre de portraits, entrées, cérémonies, etc., gravées par H. Straus, Jurian Ovens et autres.

460. Sieg-Streitt dess Lufft und Wassers. (Combat de l'air et de l'eau, cavalcade à cheval faite au sujet des noces de

Léodold I et Marguerite, infante d'Espagne.) *Vienne*, 1667. In-fol., vél.

Avec 28 planches gravées par Ossenbeck, et 6 pages de musique notée.

461. La Contesa dell' Aria, e d'ell' Acqua, festa à cavallo rapp. nell' aug. nozze dell' imp. Leopoldo e dell' infanta Marguarita delle Spagne. *Vienna*, 1667. In-fol., fig. et musique, cart.

462. Justa funebria Ser. Electricis Brandenburgicæ Ludovicæ Auriacæ. *S. l.* (1667). In-fol. obl., v.

Ces funérailles de l'Électrice Louise de Brandebourg sont fort rares; elles se composent de 45 planches gravées par G. Bartsch.

463. The order and ceremonies used for the interment of George, duke of Albemarle. (*London*, 1670.) In-fol., veau gr.

Volume très-rare, composé de 21 planches chiffr., gravées par R. White, et 3 ff. de texte imprimé.

464. Esequie del Ser. Ferdinando II, gran duca di Toscana, celebrate in Firenze da Cosimo III, descritte da M. Macigni. *Firenze*, 1671. 2 part. en un vol., in-4, parch.

Avec deux grandes planches par Falda.

465. Esequie del Seren. Ferdinando II, gran duca di Toscana, celebrate in Firenze dal Ser. Cosimo III. Descritte da M. Macigni. *Firenze, Vangelisti e Matini*, 1671. Gr. in-4, fig., bas., fil.

466. Teatro della Gloria, consagrato all' exc. Signora D. Felice Sandoval Enriquez, duchessa d'Uceda, defonta di D. Gaspar Tellez Giron, duca d'Ossuna... nelle solenni esequie di essa, celebrate in Milano. (Texte en latin et en italien.) *Milano*, 1671. In-fol., cart.

Avec 9 grandes planches gravées par C. de Fiori, A. Bisuti et J. B. Bonacina.

467. Fiestas de la S. Iglesia metropolitana de Sevilla al nuevo culto del señor rey S. Fernando concedido, escriviolo D. Fernando de la Torre Farfan. *Sevilla, viuda de N. Rodriguez*, 1671. In-fol., vél.

Ce volume, très-rare, contient les portraits de Ferdinand III et de Charles II, plus 18 planches à l'eau-forte par M. Arteaga, d'après Murillo, Valdes, Ferrera et Luisa Morales.

468. Beschreibung und Vorstellung des Stück-Schiessen.

(Description et représentation du grand tir fait à Nuremberg le 28 août 1671.) *Nurnberg*, 1671. In-fol., cart.

Avec 4 grandes et belles planches par J. Sandrart et G. C. Eimmert.

469. Cavalcade et fêtes exécutées à Stokholm le 20 décembre 1672, à l'occasion du couronnement du roi Charles XI. Gr. in-fol. obl., cart., non rogn.

Rare. 61 belles planches gravées à Nurnberg par G. C. Eimmart et D. Klocker.

470. Il Fuoco eterno custodito dalle Vestali, drama musicale per la nascita di Anna Maria figlia dell' imperatore Leopoldo, posto in musica da A. Draghi. *Vienna d'Austria*, 1674. In-fol., cart.

Avec un frontispice et 12 grandes planches représentant des scènes de théâtre, gravées par M. Küsel d'après les dessins de L. Burnacini.

471. Il Fuoco eterno custodito dalle Vestale, drama musicale per la nascita della arciduccessa Anna Maria, figlia dell' imperatore Leopoldo. *Vienna d'Austria, C. Cosmerovio*, 1674. In-fol., fig en taille-douce par Küsel., d.-rel. cuir de Russie.

472. Maria Vergine coronata, descrizione e dichiarazione della divota solennità fatta in Reggio li 13 Maggio 1674, composta da Giacomo Certani. *Reggio, Vedrotti*, 1675. In-fol., vél.

Avec 15 grandes planches par Mitelli.

473. Vorstellung Stuttgartischer jüngst gehaltener Würtemberg-Hessischer Heimführungs-Begaengnis. (Description des fêtes qui ont eu lieu à Stuttgart à l'occasion du mariage de Guillaume Louis, duc de Wurtemberg, et de Madeleine Sibylle, née landgravine de Hesse). *Stuttgart*, 1675. In-fol., bas. (*Aux armes de Wurtemberg.*)

Avec 4 portraits par Kilian et 3 grandes planches, dont la dernière représente un feu d'artifice.

474. Funerale celebrato nel Duomo di Torino all' Alt. R. di Carlo Emanuele II, duca di Savoia, racc. da G. Vasco. *Torino, Zapatta*, 1675. In-fol., cart.

Avec 7 planches par Piene et Tasnière.

475. Sechs christliche Leich-Predigten uber dem Ableiben, Wilhelmen Ludwigen Herzogen zu Würtemberg. (Enterrement du duc Guillaume Louis de Wurtemberg.) *Stuttgart*, 1677. In-fol., cart. en noir, tranche noire.

Avec titre gravé, 8 portraits par Kilian et 3 grandes planches pliées.

476. Impetus doloris excell. Princ. D. Ant. Trivulzio præpropera morte sublato præpropere funere parentatis. *Milano, Marietta*, 1678. In-fol., cart.

Avec 20 planches gravées par P. Biffo et S. Durello.

477. Ballet von Zusammenkunft und Wirckung der VII Planeten. *Dresden*, 1678. In-fol., vél., tr. dor. (*Aux armes de Saxe.*)

Avec 9 grandes planches gravées à l'eau-forte par J. O. Harms.

478. Die allergnädigste Sorgfalt des Herrn Johann Georgen des Andern von Sachsen. (Enterrement du duc Jean-Georges II de Saxe, au château de Freudenstein à Freyberg). *Dresden*, 1680. In-fol., cart. en noir.

Grand nombre de planches gravées par Kilian. Exemp. taché.

479. Le Pompose Feste de Vicenza fatte nel mese di Giugno del 1680 (di C. Patino). *Padova*, 1680. In-4, fig. dans le texte et trois planches pliées grav. par Ruphon, cart.

480. Die Durchlacchtigste Zusammenkunft, oder historische Erzaehlung, was Herr Johann George des Andere in Dresden hat aufftüren lassen. (Description des fêtes, mascarades, tournois, ballets, etc., que l'électeur Jean George II de Saxe a fait faire à Dresde à l'occasion de la visite de ses frères et parents, avec un texte en allemand par G. Tzschimmer.) *Nurnberg*, 1680. Gros vol. in-fol., veau, tr. dor.

Avec quatre portraits par Kilian, et 47 planches par Harms, Hipschmann et autres, représentant des chasses, tirs, scènes de théâtre, etc.

481. Die durchlauchtigste Zusammenkunft, etc. In-fol.

Les planches de l'ouvrage précédent, collées sur toile et renfermées dans un étui.

482. Relation des assemblées faites à Versailles dans le grand appartement du Roy, pendant ce carnaval de l'an 1683, et des divertissements que sa Majesté y avait ordonnés. *Paris, Cottard*, 1683. In-12, parch.

483. Roland, tragédie, représentée devant sa Maj. à Versailles, le 8 janvier 1685, etc. *Paris, Ballard*, 1743. In-4, front. gr. d'après Berain, br., r.

484. Servio Tullio, drama per musica per le nozze di Massimiliano Emmanuele duca di Bavaria e de Maria Antonia archiduchessa d'Austria. *Monaco*, 1685. In-4, fig. représ. ballets et des scènes de théâtre, vél.

485. Justa funebria Ser. Pr. Joanni Friderico Brunsvicensium et Luneburgæ duci persolutæ. (Avec texte en allemand par H. Berchaus.) *Rinteln*, 1685. Gr. in-fol., v. br.

Avec 86 planches gravées par Lange, représentant la pompe funèbre, des médailles commémoratives, etc.

486. Giuochi festivi e militari, Danze, Serenate, Machine, Boschareccio artificiosa, Regatta solenne, esposti dalla generosita dell' A. S. d'Ernesto Augusto duca di Brunswick, nel tempo di sua dimora in Venezia, descritta da G. M. Alberti. *Venetia*, *A. Boletti*, 1686. Gr. in-fol., d.-rel. vél.

Le volume contient 12 grandes planches gravées par A. Portio et A. dalla Via.

487. Fünf christliche Leich Predigten über dem Ableyben Georg Friderichen Hertzogen zu Wurtemberg, sammt Beschreibung Ihrer Procession und Beisetzung. *Stuttgart*, 1686. In-fol., cart. en noir, tr. noire.

Enterrement de George Frédéric duc de Wurtemberg, avec 6 grandes planches par Kilian, Kraus et autres.

488. Le Pompe funebri celebrate da Sig. Accademici Infecondi di Roma per la morte dell' ill. Signora Elena Lucrezia Cornara Piscopia, detta l'Inalterabile. *Padova*, *il Cadorino*, 1686. D.-rel.

Avec un portrait, J. F. Cassionus sc., et 5 planches de décorations gravées par Th. Gardanus.

489. The history of the coronation of... James II, king of England... and of his Royal Consort Queen Mary, solemnized in the collegiate church of St Peter in the City of Westminster, by Francis Sandford Lancaster Herald of arms. (*London*), *Thomas*, *Newcomb*, 1687. Gr. in-fol., vignettes et figures, veau.

Bel exemplaire, complet.

490. Ragguaglio della solenne comparsa fatta in Roma dall' ill. Sign. conte di Castelmaine, ambassadore di Giacomo secondo, re d'Inghilterra all' udienza della Santità di N. S. Papa Innocenzo XI, di G. M. Writ. *Roma*, *D. A. Ercole*, 1687. Gr. in-fol., cart, non rogn.

Exemplaire en grand papier, avec frontispice et 15 planches gravées par A. van Westerhout. (Incomplet d'une planche.)

491. An account of his excellence Roger earl of Castle-

maine's, embassy from his S. M. James II, king of England, to his Holiness Innocent XI, by M. Wright. *London, Snowden*, 1688. In-fol., veau.

Avec 15 planches gravées par A. van Westerhout, plus un portrait de la reine Marie gravé par R. White.

492. I Numi a diporto su l'Adriatico, descrizione della Regatta solenne disposta in Venezia a godimento dell' Alt. Ser. di Ferdinando III, Prencipe di Toscana, unita d'altri trattenimenti ordinati a divertimento della medesima Altezza nel Carnovale del 1688. *Venezia*, 1688. Gr. in-fol., parch.

Avec 15 grandes planches gravées par A. della Via.

493. Enterrement de Frédéric-Guillaume de Brandebourg (le Grand Electeur), avec un texte en allemand par C. Coch. *Berlin*, 1688. Très-gr. in-fol., veau.

Avec 87 grandes planches coloriées et rehaussées d'or. Bel exemplaire d'un volume très-rare

494. Gesellschafft der Constafflern im Zeug-Hauss zu Zurich. In-fol. obl., cart.

La Société des canoniers et artificiers de Zurich a publié chaque année une planche ayant rapport à l'artillerie, avec un texte gravé en vers allemands. Nous trouvons ici la suite complète (probablement unique) de toutes ces planches, à partir de 1689 jusqu'en 1798.

495. Kronen auf denen Hæuptern Eleonoræ und Josephi. (Description du couronnement de l'empereur Joseph et de l'impératrice Eléonore, par S. Ferrarius.) *Nurnberg*, 1690. In-4, 23 planches, vél.

496. Das hochbeehrte Augspurg. (Entrée à Augsbourg des M. R. et I. et de S. M. le roi de Hongrie, couronnement d'Eléonore-Madeleine-Thérèse comme impératrice des Romains, couronnement de Joseph comme roi de Hongrie, etc.) *Augsburg*, *J. Kopmeyer*, 1690. In-4, bas.

Avec 13 planches par Ph. Neuss. Incomplet d'une planche.

497. La Caduta del Regno dell' Amazoni, festa teatrale fatta rappresentate in Roma per le nozze della M. di Carlo II, Re delle Spagne. *Roma*, *stamperia della Cam. Apost.*, 1679. In-fol., cart.

Avec 12 planches représentant des scènes de théâtre, gravées d'après les dessins de Fontana par A. Specchi, J. F. Venturini et autres.

498. La Gloria d'amore, spettacolo festivo fatto rappres. dal Sig. duca di Parma, sopra l'acque della gran peschiera

novamente fatte nel suo giardino, per gli sponsali del sig. Odoardo, suo primo genito, con la Princ. Sofia de Neoburgo. *Parma*, 1690. Très-gr. in-4, grandes planches grav. par les frères Mauri, d.-rel.

499. Beschryving der Eerporten, etc. (Description des arcs de triomphe érigés à La Haye au sujet de l'entrée de Guillaume II, roi de la Grande-Bretagne.) *Amsterdam, Allard*, 1691. In-fol., cart.

Avec 4 planches par Luyken et Allard.

500. Komste van Zyne Maiesteit Willem III in Holland. (Entrée en Hollande de Guillaume III, roi d'Angleterre, avec un texte en hollandais par Bidloo.) *La Haye*, 1691. In-fol., vél.

Avec le portrait du roi par P. v. Gunst, et 13 grandes planches par Rom. de Hooghe.

501. Relation du voyage de S. M. Britannique en Hollande. *La Haye, Leers*, 1692. In-fol., v.

Traduction de l'ouvrage précédent, avec les mêmes planches.

502. Historia Salisburgensis, autore P. J. Metzger. *Salisburgi*, 1692. In-fol., grand nombre de planches, vél.

La grande planche, gravée par Lederwasch, et qui se trouve entre les pages 642 et 643, représ. une procession faite à Salzbourg en 1632.

503. S. Puffendorfii Caroli Gustavi Suecorum Gothorum et Vandalorum regis vita et res gestæ (germanice). *Norimbergæ*, 1697. In-fol., 135 planches grav. par Perelle, Le Pautre, Cochin et autres, v. br.

Exemplaire avec la grande planche de l'enterrement, gravée par Le Pautre.

504. Freuden-Bezeugung der Stadt Dantzig, über die Wahl und Krönung Augusti II, Königs von Pohlen. (Fêtes données à Dantzig au sujet de l'élection et du couronnement d'Auguste II comme roi de Pologne, avec son entrée dans cette ville, etc., par G. R. Curicke.) *Dantzig, Jansson von Waesberge*, 1698. In-fol., cart.

Avec 9 planches, représ. des arcs de triomphe, l'entrée du roi, feux d'artifice, etc.

505. Monumentum gloriæ Ernesti Augusti, principis electoris Brunsvicensis, justis funebribus persolutis... Hannoveræ, anno Domini 1698 (avec texte en allemand). *Hannover*, 1698. In-fol., bas.

Avec 7 planches par U. Krauss et le beau portrait du duc par Drevet.

506. Siben christliche Leich-Predigten, etc. (Sept sermons chrétiens au sujet de l'enterrement de Marie Dorothée, duchesse de Wurtemberg, avec la relation des cérémonies funèbres.) *Stuttgart*, 1699. In-fol., cart. en noir, tranche noire.

Avec 6 planches grav. par J. U. Kraus.

507. Preussische Krönungs-Geschichte, etc. (Couronnement de Frédéric III, Electeur de Brandebourg, comme roi de Prusse, fait à Kœnigsberg en 1701.) *Berlin*, 1712. 1 vol. de texte gr. in-fol. et atlas in-fol. maximo, cart., non rogn.

Exemplaire neuf en grand papier fort.

508. Sacra exequialia in funere Jacobi II Magnæ Britanniæ Regis, exhibita a Carolo Card. Barberino, descripta a C. de Aquino. *Roma, typis Barberinis*, 1702. In-fol., cart.

Avec 19 planches (dont plusieurs très grandes) grav. d'après les dessins de l'architecte S. Cipriani par A. Specchi.

509. Succession de el Rey D. Phelipe V. Diario de sus viages desde Versalles a Madrid, escribio D. Ant. de Ubilla y Medina, Marques de Ribas. *Madrid*, 1704. In-fol., bas.

Avec un portrait du roi et 19 grandes planches par Bertheram et Causé d'après Palotta.

510. Erbhuldigung als Eltz-Hertzogen zu Œsterreich Josephi des Ersten. (Inauguration de Joseph Ier comme archiduc d'Autriche, avec le texte par L. von Bulich.) *Wien*, 1705. Gr. in-fol., bas.

Avec 12 planches grav. par Pfeffel et Engelbrecht.

511. Christ-Königliches Trauer und Ehren Gedaechtnus, etc. (Pompe funèbre de Sophie Charlotte, reine de Prusse.) *Berlin*, 1705. 1 vol. de texte in-fol., cart., n. rogn., et atlas de 89 planch. grav. par Wolfgang.

Exemplaire absolument neuf.

512. Abrahams, des Fürsten Gottes letzte und beste Glückseligkeiten bei solennester Leichbegengniss Georg Wilh. Hertzogen zu Braunschweig zu Celle. *Celle*, 1705. In-fol., vél. à comp. en argent.

Avec 5 planches par Berningroth et Ulr. Kraus.

513. Secularia sacra Academiæ Regiæ Viadrinæ, quibus sub auspiciis Regis Borussiæ natalem tertium celebravit et

secularum annum tertium aperuit et clausit. *Franco-furti ad Viadrum*, 1706. Gros vol. in-fol., v.

Le volume contient, outre un grand nombre de portraits, plusieurs grav. représ. des illuminations, feux d'artifice, etc. ; on y trouve aussi 10 pages de musique gravée.

514. Relation de ce qui s'est fait à Lyon au passage de Mgr. le duc de Bourgogne et de Mgr. le duc de Berry, depuis le 9 jusques au 13 avril 1709. *Lyon, Pascal, s. d.* 2 part., 1 vol. in-4, v.

515. Vollständiges Diarium alles dessen, was vor, in und nach denen Wahl-und Krönungs-Solennitäten Caroli VI passirt ist. (Couronnement de Charles VI comme empereur de l'Allemagne et fêtes données à Francfort.) *Franckfurt*, 1712. In-fol., d.-rel. vél.

Avec 19 planches par Fehr et J. A. Montelegre.

516. Beschreibung der Erb-Huldigung. (Description des cérémonies qui ont eu lieu à l'occasion de l'inauguration de l'empereur Charles VI comme archiduc d'Autriche, par B. von Mairn, von Mairsfeld.) *Wien, Kürner*, 1712. Gr. in-fol., fig. en taille-douce, cart.

517. Christ-Königliches Trauer und Ehren-Gedaechtniss, etc. (Enterrement de Frédéric I$^{er}$, roi de Prusse.) *Berlin*, 1713. 1 vol. in-fol. de texte, et un carton de planches, très-gr. in-fol., cart., n. rogn.

Exempl absolument neuf, en grand papier fort. L'atlas se compose de 4 planches pliées et de 118 planches chiffr., grav. par J. G. Wolfgang.

518. Ragguaglio delle nozze delle Maestà di Filippo Quinto e di Elisabetta Farnese, solennemente celebrate in Parma l'anno 1714. *Parma, nella stamperia di S. A. S.*, 1717. In-fol., front. gr., bas.

Les 5 grandes planches pliées sont gravées par F. M. Francia et T. Vercruysse.

519. Relation de l'inauguration solennelle de Charles VI, empereur des Romains, comme comte de Flandres, célébrée à Gand. *Gand, A. Graet*, 1719. Gr. in-fol., bas. (*Aux armes.*)

Avec un frontisp. grav. et 6 planches par Heylbrouck et Harrewyn.

520. Pompe funèbre de très-haut, très-puissant, etc., monarque Charles VI. *Bruxelles, Claudinot*, 1721. In-4, gr. planche pliée représ. le catafalque érigé à Sainte-Gudule, d.-rel.

521. Le Sacre de Louis XV, roy de France et de Navarre, dans l'église de Reims. *Paris*, 1722. In-fol. max., 74 pl., v. marbr., dent., tr. dor.

522. Sacre et Couronnement de Louis XV. 4 pag. imp. et 3 gr, planch. pliées. — Explication des emblèmes héroïques pour la décoration des arcs de triomphe erigez aux portes de Reims. *Paris*, 1722. 16 pages in-4.

On a ajouté une grande planche par Maillot, représ. les cérémonies, plus une autre planche par Chevillard, représ. les armes des seigneurs et prélats qui assistaient à cette cérémonie.

523. Les Applaudissemens de la France sur l'heureuse arrivée de l'infante d'Espagne à Paris. *Paris*, 1722. 4 pag. plus une grande planche pliée. — Explication du feu d'artifice tiré aux Thuilleries. 2 pag. — Feu d'artifice tiré par ordre du duc d'Ossonne. 4 pag. — Feu d'artifice du Palais-Royal. 4 pag. In-4.

524. Faure. La Fête royale donnée à S. M. par Son Alt. Sér. Mgr. le duc de Bourbon, à Chantilly, les 4 au 8 novembre 1722. *Paris*, 1722. In-4, 2 ff. prél. et 62 pag.

Avec une grande planche pliée représ. le ballet.

525. Réjouissances et Fêtes magnifiques qui se sont faites en Bavière au mariage de Mgr. le prince électoral avec Mme la princesse Marie-Amélie, archiduchesse d'Autriche. *Munich*, 1723. In-fol., 22 planch., cart.

Deux des planches représentent des feux d'artifice.

526. L'Atto publico di sede solennemente celebrato nella città di Palermo à 6 Aprile 1724 dal Tribunale del S. Uffizio di Sicilia, descritto da Ant. Mongitore. *Palermo*, 1724. In-fol., d.-rel.

Avec 4 très-grandes planches pliées représ. des processions, et gravées par F. Ciché.

527. Relation exacte... de la maladie, mort et enterrement de Louis Ier, roi d'Espagne, par l'abbé de Voirac. *Paris*, 1724. 12 pag. — Pompe funèbre de Louis Ier, roi d'Espagne, dans l'église de Notre-Dame de Paris. *Paris*, 1724. 8 pag. — 2 br. in-4.

528. Esequie di Luigi I. re delle Spagne, celebrato in Firenze. Descritte da N. M. Venuti. *In Firenze, stamperia di S. A. R.*, 1724. Pet. in-fol., fig. en taille-douce, parch.

529. Paris. Relation de ce qui s'est passé à la découverte, la descente et la procession de la châsse de sainte Geneviève. *Paris*, 1725. 22 pages, plus deux pièces sur le même sujet. — 3 br. in-4.

530. Relation des cérémonies observées à l'occasion du mariage du roy (avec Marie Leczinska). *Paris*, 1725. In-4, broch.

Avec une grande planche pliée représ. l'entrée de la reine à Versailles.

531. Ordre de la Procession des esclaves rachetés aux royaumes de Maroc et d'Alger, par les religieux Trinitaires ou Mathurins, qui se fera lundi 22 octobre 1725 en l'abbaye royale de Saint-Antoine. *Paris*, 1725. 8 pages in-4.

532. Relation de ce qui s'est passé à la chute de la maison du Bon Pasteur, à Toulouse. *Paris*, *Delespine*, 1727. In-4, 15 pages.

533. Erb-Huldigung... Carolo dem Sechsten als Hertzogen in Steyer... abgelegt. *Gratz*, 1728. Gr. in-fol., bas.

Avec 14 grandes planches grav. par Storcklin.

534. Ceremonies du couronnement de Georges II, roi d'Angleterre, et de Wilhelmine Caroline (texte en allemand). *Hannover*, 1728. Pet. in-8, fig. sur bois dans le texte et 5 planches en taille-douce, par Brühl, cart.

535. Pompe funèbre du prince Albert, archiduc d'Autriche, etc., représentée au naturel en tailles douces, par J. Francquart, et grav. par C. Galle, avec un texte d'Eryce Puteanus. *Bruxelles*, *Leonard*, 1729. In-fol., 63 planches, veau marb. (En 1623, voir le N° 400.)

Très-bel exemplaire.

536. Alls die Fürstliche Leiche Herrn August Wilhelm Herzoges zu Braunschweig von dem Schlosse nach der Haupt-Kirche abgeführt wurde, etc. (Enterrement d'Auguste Guillaume, duc de Brunswick, avec un texte, par Ph. L. Dreissigmark). *Wolfenbüttel*, 1731. In-fol., avec 5 planches, velours noir, tranche argentée.

Curieuse reliure de deuil.

537. Relacion de l'auto da fe celebrado por el sagrado tribunal del santo officio de la Inquisicion de estos Reynos, en

la ciudad de Lima, capital de esta America Austral, en 1733, por D. Pedro de Peralta Barnvevo y Rocha. *Lima, Fr, Sobrino*, 1733. Pet. in-4, cart.

538. Description et représentation du grand tir, fait à Nurnberg, le 8 juin 1733 (texte en allemand). *Nurnberg, Bieling*, 1734. Gr. in-fol., 14 pl. grav. par D. Heumann et J. G. Hoffman, cart.

539. Beschreibung des Illumination zu Dresden bey der Königl. Sicilianischen.... Vermählung. *Dresden*, 1734. In-4, avec 11 planches par Lindemann et Bodenehr, cart.

540. Relazione delle solenni esequie celebrate nel Duomo di Milano a S. M. la Reina di Sardigna Polissena Giovanna Cristina. *Milano, Malatesta*, 1735. In-fol., avec 10 grandes planches pliées, par M. A. dal Re, bas.

541. Parentalia Mariæ Clementinæ Magn. Britan. Franc. et Hiberniæ Regin. jussu Clementis XII P. M. *Romæ, Salviani*, 1736. Gr. in-fol., texte en latin et italien, cart.

Avec un beau frontisp. contenant le portrait de la reine, 14 vignettes dans le texte et 2 grandes planches par Gabbugini et R. Pozzi.

542. Recueil des devotions et divertissements de son A. S. Marie Elisabeth, archiduchesse d'Autriche, gouvernante générale des Pays-Bas, dans sa résidence à Bruxelles. *Bruxelles, G. Fricx*, 1734. In-4 obl., cart.

Titre et 15 planches entourées de bordures, représ. l'entrée à Bruxelles et à Mons, feux d'artifice, etc., grav. par Bertheram et P. Bouttats. Plus 6 ff. de cadres.

543. Esequie di Giovan Gastone, gran duca di Toscana, fatte in Firenze nella chiesa di San Lorenzo. *Firenze*, 1737. In-4, cart.

Avec une grande planche pliée, F. Ruggieri inv., V. Franceschini inc.

544. La Sontuosa Illuminazione della città di Torino, per l'aug. spozalizio di Carlo Emanuele, re di Sardegna, e di Elisab. Teresa di Lorena (en italien et en français). *Torino, Chais*, 1737. In-fol., bas.

Avec un frontisp. et 14 grandes planches, grav. par de Prennes, Daudet, Herisset et autres.

545. Description des festes données par la ville de Paris à l'occasion du mariage de M^me Louise Elisabeth de France et de don Philippe, infant d'Espagne. *Paris, Mercier*, 1740.

In-fol. max., fig., veau marbr., dent., tr. dor. (*Aux armes de la ville de Paris.*)

546. Erb-Huldigung Mariæ Theresiæ, etc. (Inauguration de Marie-Thérèse comme archiduchesse d'Autriche, avec un texte par G. C. Kriegl.) *Wien*, 1740. Gr. in-fol., bas. (*Aux armes.*)

Avec 12 planches, dont plusieurs d'un très-grand format, grav. par G. A. Muller.

547. Relazione del funerale celebrato nella Chiesa Metropolitana di Milano, per commando di Maria Teresa... alla S. R. C. S. M. Carlo VI. *Milano*, *M. A. del Re*, 1741. In-fol., titre et frontisp. gr., plus 14 planches pliées, bas.

548. Pompe funèbre de Charles VI, célébrée à Bruxelles les 3 et 4 janvier 1741. *Bruxelles*, 1741. Grande planche, d.-rel.

549. Vollständiges Diarium der Merkwürdigsten Begenbenheiten, etc. (Relation exacte des choses les plus mémorables qui ont eu lieu avant, pendant et après le couronnement de Charles VII comme empereur des Romains.) *Franckfurt*, 1782. 3 part. en 1 vol., in-fol., dem.-rel. vél.

Avec 37 planches, dont une représente l'entrée du comte Montijo à Francfort.

550. Beschreibungen des K. Einzuges. (Description de l'entrée royale à Prague, et du couronnement comme reine de Bohême de Marie-Thérèse, avec un texte en allemand par Ramhoffsky.) *Prag*, 1743. In-fol., cart.

Avec 12 planches par Pfeffel et Rentz.

551. Relation de l'inauguration solennelle de Marie-Thérèse comme comtesse de Flandres, célébrée à Gand. *Gand*, 1744. Gr. in-fol., frontisp. gravé et une très-grande pl., bas. (*Aux armes.*)

552. Fêtes publiques données par la ville de Paris à l'occasion du mariage de Mgr le Dauphin, les 23 et 26 février 1745. Très-gr. in-fol., fig., cart.

553. Représentation des fêtes données par la ville de Strasbourg pour la convalescence du Roi, à l'arrivée et pendant le séjour de S. M. en cette ville, dessiné et dirigé par J. M. Weiss. (*Paris*, 1745.) In-fol. max., fig., maroq. rouge, dent., tr. dor. (*Reliure signée par Padeloup.*)

554. Relazione delle solenne funzione fatta nella citta di Piacenza in occasione del giuramento de fedelta dai sudditi del Ducato Piacentino alla M. di Elisabetta Farnes Regina della Spagne. *Piacenza*, 1745. In-fol., 1 pl. par Perfetti, cart.

555. Triumphus virtutum in funere Caroli VII, Romanorum imperatoris et solemnium occasione Exequiarum in Electorali templo Theatinorum Monachii... celebratus. *Monachii*, 1745. In-fol., cart.

Frontisp. gr. et 27 planches grav. par Jungwierth, et 102, 52 et 29 pages de texte latin et allemand.

556. Vollstaendiges Diarium von der Erwaehlung Franzens, etc. (Description exacte de l'élection et du couronnement de François Ier, empereur des Romains.) *Franckfurt*, 1746. In-fol., cart., non rogn.

Exemplaire complet, avec toutes parties différentes, et un grand nombre de planches par Mayer, Reinhardt et autres.

557. Description de la fête donnée par la ville de Paris à l'occasion du mariage de Mgr le Dauphin avec Marie-Josèphe de Saxe, le 13 février 1747. Gr. in-fol., fig., cart.

558. Description des principales réjouissances faites à La Haye à l'occasion du couronnement de François I (en français et en hollandais). *La Haye*, 1747. Gr. in-fol., fig. par J. C. Philips, dem.-rel.

559. Naukenrige Beschryving. (Description de tout ce que les étudiants de l'université d'Utrecht ont fait au sujet de l'entrée et de l'inauguration de Guillaume Charles Henri Friso comme régent du pays d'Utrecht.) *Utrecht*, 1747. In-4, fig., broch.

560. Nordens Glaede da Kong Friderich den Femte tilligemed Dronning Louise deres Kongelige salving lode forette udi Friderichborgs Slotts Kirke. (Couronnement de Frédéric V de Danemark et de la reine Louise, dans l'église de Frédéricsbourg, avec un texte en Danois, par P. Hersleb.) *Copenhague*, *Höppener* (1747). In-fol., bas. (*Aux armes de Danemark.*)

Avec 2 beaux portr. par J. M. Preisler et 4 vignettes par O. H. de Lohde.

561. Caravanne du Sultan à la Mecque, mascarade turque donnée à Rome par messieurs les pensionnaires de l'Aca-

démie de France et leurs amis, au carnaval de l'année 1748, par J. Vien. *Paris, Basan, s. d.* Gr. in-4, cart.

32 eaux-fortes par Vien, coloriées et rehaussées d'or. Belle et rare suite.

562. Arrivée et passage de S. A. R. le duc Charles-Alexandre de Lorraine par la ville d'Alost. *Anvers, veuve de Jer. Verdussen,* 1749. In-fol., 5 pl. dans le texte, v.

563. Nederlands Wonder-Tonneel. (Description de tout ce qui s'est passé de remarquable dans les Pays-Bas, 1747-1748.) *Leiden,* 1749. In-8, vél.

Avec 8 planches, feux d'artifice à Leyde et Utrecht, troubles à Groningue, etc.

564. Narazione delle solenni reali feste fatte celebrate in Napoli, da S. M. il Re Carlo, Infante di Spagna, etc., per la nascita del suo primigenito Philippo, R. Principe delle Due Sicilie. *Napoli,* 1749. Gr. in-fol., bas.

Avec 15 grandes et belles planches par Vasi, N. Jardin, L. de Lorraine et A. Guiducci.

565. Relazione del funerale di Elisabetta Farnese. *Venezia, Recurti,* 1750. In-fol., cart.

Avec un portrait et 3 grandes planches gravées d'après Grassi par Gius. Benedetti et Gius. Patrini.

566. Convoi funèbre de S. A. R. Anne, Princesse royale de Grande-Bretagne, gouvernante des Provinces Unies, dessiné par P. C. la Fargue et gravé par S. Fokke. *La Haye, Gosse,* 1751. Gr. in-fol. (texte en français et hollandais), fig., cart., non rogn.

567. Exequias feitas em Roma do Senhor Rey Dom Joao V, por ordem do Dom Joze I. *Roma, Salvioni,* 1751. Gr. in-fol., cart.

Avec plusieurs vignettes et 19 grandes planches par Vasi, Mazzoni, Gardhenghi et autres.

568. Plegtige Inhuldiging van Willem Karel Hendrick Friso als Markgraaf van Vere. (Inauguration solennelle de Guillaume-Henri Friso, prince d'Orange et de Nassau, comme margrave de Vere.) *Amsterdam,* 1751. — Inhuldiging, etc. (Inauguration de Guillaume-Henri Friso comme seigneur de Vlissingue.) *Amsterdam,* 1753. — 1 vol. in-fol., vél. cordé.

Planches par Philipps et autres, et beau portrait gravé par Houbraken.

569. Plegtige Inhuldiging, etc. (Inauguration de Guillaume-Charles-Henri Friso, prince d'Orange et de Nassau, comme margrave de Veere.) *Amsterdam*, 1751. — Inhuldigung, etc. (Inauguration de Guillaume-Charles-Henri Friso comme Seigneur de Vlissingue.) *Amsterdam*, 1753. — 2 t. en 1 vol., in-fol , fig., veau marbr.

570. Funerali di Giacomo III, Re della Gran Bretagna, celebrati per ordine di N. S. Papa Clemente XIII. *Roma*, 1766. Gr. in-fol., fig., grandes pl. pliées grav., par P. Posi, cart.

Exemplaire van Hulthem.

571. Beschryvinge von het zeven hondertjaerig Jubilé van Gend. *Gend*, *J. Meyer*, 1767. In-4, 15 planches grav. par Heylbrouck et J. L. Wauters, broch.

572. Description du jubilé de sept cents ans de S. Macaire. *Gand*, 1767. In-4, maroq. r., tr. dor.

Même ouvrage que le précédent, mais avec texte français. Exemplaire en grand papier fort.

573. Descrizione delle feste celebrate in Parma per le nozze di S. A. R. l'Infante Don Fernando colla R. Arciduchessa Maria Amelia. *Parma*, *Stamperia reale*, 1769. Très-grand in-fol., veau éc., fil. (*Aux armes.*)

Avec 10 planches gravées d'après Petitot par Volpato et autres. Le texte est en italien et en français.

574. Beschryvinge, etc. (Description de la procession faite par le collége des Jésuites au sujet du jubilé de quatre cents ans du Très-Saint-Sacrement, du miracle de Bruxelles.) *Bruxelles*, 1770. In-4, avec 5 planches, cart.

575. Solemnités qui se sont passées à Stockholm dans les années 1771 et 1772... tant à l'enterrement du Roi Adolphe Frédéric qu'au sacre de Leurs MM. le Roi Gustave III et la Reine Sophie Madeleine. *Stockholm*, 1772. In-fol., cart.

Avec 18 grandes planches, gravées par Floding, avec texte en suédois.

576. Sacre et couronnement de Louis XVI à Rheims, le 11 juin 1775. *Paris*, *Vente et Patras*, 1775. In-4, grand nombre de planches par Arrivet, veau éc., fil., tr. dor.

577. Prael-Treyn verrykt door Ry-Benden, Præl-Wagens, Zinnebeelden en andre Oppronkingen tœgeschickt aen het

Duizend-Jærig Jubilé van den Heyligen Rumoldus. *Mechelen* (1775.) In-4, d.-rel.

Avec 18 plauches par Klauber et J. W. Campenhoudt.

578. Diario pieno e distinto del viaggio fatto a Vienna dal Sommo Pontifice Pio Papa Sesto. *Roma, nella stamperia della Rev. Camera Apost.*, 1782. In-4, 12 planches par Bombelli, veau marbr.

579. Ausführliche Beschreibung, etc. (Description de la 28e ascension de Blanchard, entreprise à Nurnberg, le 12 novembre 1787.) *Nurnberg*, 1787. In-4, 4 planches, cart.

580. Descripcion de los ornatos pùblicos con que la Corte de Madrid ha solemnizado la feliz exaltacion al trono de Carlos IV y Luisa de Borbon. *Madrid, Imprenta real*, 1788. In-fol., bas.

Avec 11 planches par Marti et Giraldo.

581. Relacion de la proclamacion del Rey Don Carlos IIII, y fiestas con que la celebro la ciudad de Sevilla. Por el padre Manuel Gil. *Madrid*, 1789. In-fol., fig., cart.

582. Descrizione dell' apparato funebre per le esequie celebrate dalla nazione spagnuola, nella chiesa di S. Giacomo di Roma, alla memoria di Carlo III. *Roma, Pagliarini*, 1789. In-fol., cart.

Avec 10 grandes planches par Bossi, Volpato et autres.

583. Vollständiges Diarium der Römisch Königlichen Wahl und Kaiserlichen Krönung Léopold II. *Franckfurt*, 1791. In-fol., d.-rel.

Avec un frontispice gravé et 10 planches par Abel, Chr. de Mechel et autres.

584. Relation de l'inauguration solennelle de Léopold II comme comte de Flandres, célébrée à Gand. *Gand*, 1792. In-fol., bas. (*Aux armes.*)

585. Le Solenni Esequie di monsignor Filippo Visconti, arcivescovo di Milano, celebrate nella Metropolitana, descritte da L. Cagnola. *Milano*, 1802. Gr. in-fol., fr. grav., portrait et 4 planches grav. par Albertonelli, cart.

586. Le Sacre de S. M. l'empereur Napoléon dans l'église métropolitaine de Paris, le XI frimaire an XIII, dimanche

2 décembre 1804. In-fol. max., 39 planches, d.-rel. mar. r.

587. Passage à Lyon de LL. MM. Napoléon Ier et l'impératrice Joséphine en 1805. *Lyon*, *Tournachon-Malin*, 1805. In-4, br., r.

588. Relation des fêtes données par la ville de Strasbourg, etc. *Strasbourg*, 1806. Gr. in-fol., maroq. rouge, dent., tr. dor.

Exemplaire en grand papier.

589. Relation des fêtes données par la ville de Strasbourg à leurs Majestés Imp. et Roy., les 22 et 23 janvier 1806, à leur retour d'Allemagne. *Strasbourg*, 1806. Gr. in-fol., avec 5 planches grav. par Guérin, broch.

590. Description des cérémonies et des fêtes qui ont eu lieu pour le couronnement de LL. MM. Napoléon et Joséphine son épouse. Recueil des décorations exécutées sous les ordres de C. Percier et P.-F.-L. Fontaine. *Paris*, 1807. Très-gr. in-fol., avec 12 pl., cart.

591. Descrizione delle feste celebrate in Venezia per la venuta di Napoleone il Massimo, di cav. abbate Morelli. *Venetia*, *Picotti*, 1808. Gr. in-4, front. et 4 planches à la sépia, cart.

592. Description des cérémonies et des fêtes qui ont eu lieu pour le mariage de Napoléon avec Marie-Louise d'Autriche, par Percier et Fontaine. *Paris*, *Didot*, 1810. In-fol. max., avec 13 planch., cart., n. rogn.

593. Beschreibung der Feierlichkeiten am Jubelfest der Universität Leipzig, nebst kurzen Lebensbeschreibungen der Professoren von H. G. Kreussler. *Leipzig*, 1810. In-4, d.-rel.

Avec 27 portraits et 11 planches coloriées. Autographe de G. Herman ajouté.

594. Die Weihe des Eros Uranios. Ein festlicher Aufzug mit Tänzen, gegeben im weissen Saale des Königl. Schlosses, zur Vermæhlungsfeier des Prinzen Friedrich von Preussen. *Berlin*, *Withtich*, 1818. In-fol. obl., cart., n. rogn.

Avec 12 planches coloriées et une planche noire.

595. Authentische... Beschreibung aller Feyerlichkeiten,

welche in Hannoverschen Lande bei der Anwesenheit S. K. M. Georgs IV veranstalltet worden, von H. Dittmer. *Hannover*, 1822. In-4, port. et 21 planch., cart., n. rogn.

596. Feier des fünf und zwanzigjährigen Regierung-Jubilæums Maximilian I von Bayern. (Jubilé de la vingt-cinquième année du règne de Maximilien Ier, roi de Bavière.) *Munchen*, 1824. Gr. in-fol. obl., avec 44 pl. lith., cart., n. rog.

597. Sacre de S. Majesté Charles X dans la métropole de Reims. *Paris*, 1825. Gr. in-fol., 11 pl. lith., d.-rel. (*En étui.*)

598. Description des cérémonies et des fêtes qui ont eu lieu pour le baptême du duc de Bordeaux. *Paris*, 1827. In-fol. max., avec 12 pl. d'après Hittorff et Lecointe, br.

599. Vues des cérémonies les plus intéressantes du couronnement de Nicolas Ier et d'Alexandra à Moscou, dessinées sur les lieux par les meilleurs artistes de Paris, lithographiées par L. Courtin et V. Adam, et imprimées par Engelmann. *Paris*, *Didot*, 1828. In-fol. max., cart.

600. Les Rencontres du roi Guillaume Ier, planches publiées par Jobard, 1829-30. 25 lithog. noires et color., in-4 obl. (*Manq. une planche.*)

601. Incoronazione di S. M. I. R. A. Ferdinando I a Re del Regno Lombardo-Veneto, consacra di solenne pompa celebrata nell' insigne metropolitana di Milano, di A. Sanquirico. *Milano*, 1838. Gr. in-fol. obl., cart.

Avec le portrait de l'empereur en lithographie et 41 planches sur cuivre (dont plusieurs avant la lettre) gravées par Falckeisen, Campi, Citterio, etc.

602. Die Krönung in Mailand. (Couronnement de Ferdinand à Milan, avec un texte en allemand par Lewald.) *Carlsruhe*, 1838. In-4, fig., cart.

603. 850 jarig Jubilé tot lof van O. L. van Hanswyck te Mechelen 1838. 20 pl., hauteur 15 cent., largeur 58 cent. *Malines*, 1838. Br.

604. Giostra Corsa in Torino nel Pasaggio di Alessandro, gran duca di Russia. *Torino*, *Chinio et Mina*, 1839. Gr. in-fol. avec 7 pl. lith. par F. Gonin, cart.

605. Translation des cendres de l'empereur Napoléon de Sainte-Hélène à Paris, et cérémonies faites à ce sujet à Paris en 1840. 15 grandes pl. lith., par V. Adam et Arnoult. Gr. in-fol., d.-rel.

606. Gedenkboek der Inhuldigung en Festtogten van S. M. Willem II. (Description des fêtes données au sujet du couronnement de Guillaume II.) *Bois-le-Duc*, 1842. In-8, cart., n. rogn.

Avec 9 lithographies.

607. Enterrement du roi Charles XIV Jean à Stockholm, le 8 mars 1844.

Imprimé en couleur sur toile; longueur environ 3 mètres; hauteur 20 centimètres.

608. Ferdinand I, und Maria-Anna-Carolina in Kuestenlande im September 1844. *Triest*, 1845. In-fol., cart. en toile.

Avec 17 planches coloriées, représentant des fêtes, feux d'artifice, etc., lithographiées d'après C. Dall Acqua, J. Rieger et A. Tischbein, par Linassi.

609. Souvenirs de la fête donnée le 26 septembre 1848 par le Cercle artistique et littéraire, sous le patronage du roi. *Bruxelles*, 1849. In-fol. max., gr. nombre de lith., cart. en toile.

610. Cérémonies et fêtes du mariage de S. A. R. le duc de Brabant et de S. A. I. et R. Marie-Henriette-Anne, archiduchesse d'Autriche. *Bruxelles*, 1853. Gr. in-fol., fig. col., cart.

## VII. ARCHITECTURE. ORNEMENTS.

611. Pozzo. Prospettiva de pittori e architetti da Andrea Pozzo.— Breve instructione per dipingere à fresco. *Roma*, *Komarek*, 1693-1700. 2 vol. gr. in-fol., fig., bas. gauf.

Avec envoi autographe de l'auteur.

612. Del Teatro olimpico di Andrea Palladio in Vicenza. Discorso del conte G. Montenari. *Padova*, 1749. In-8, port. et fig., v.

613. Nouveau livre des cinq ordres d'architecture par J. Barozzio Vignole, enrichi de différents cartels et morceaux d'architecture, portails, fontaines, etc. *Paris, s. d.* In-fol., 45 pl. par Poulleau et Le Canu, cart.

614. L'Architecte civil de N. Goldmann, publié (en allemand) par L. C. Sturm. *Augsbourg*, 1715. In-fol., gr. nombre de pl., cart.

615. Architecture moderne, ou l'Art de bien bâtir pour toutes sortes de personnes. *Paris, Jombert*, 1728. 2 part. en 1 vol. in-4, gr. nombre de pl. (150), v. marb.

616. Istruzione dell' architettura civile, di B. A. Vittone. *Lugano*, 1760-66. 2 vol. de texte et 2 vol. de planches, ens. 4 vol. in-4, d.-rel.

617. Osservazioni di A. Visentini che servono di continuazione al trattato di Teof. Galliaccini sopra gli errori degli architetti. *Venezia, Pasquali*, 1771. In-fol., gr. nombre de pl., cart., n. rogn.

618. Études d'architecture, par P. Patte. *Paris, chez l'auteur, s. d.* Gr. in-4, 20 pl., cart.

619. Verzameling von Prachtige Gebeuwen. (Représentation des belles maisons qui se trouvent sur le Keysers et Herren-Grachten de la ville d'Amsterdam. *Amsterdam, B. Mourik* (vers 1750). Gr. in-fol., nomb. fig., cart.

Rare.

620. Les Peintures murales du couvent de Sainte-Justine de Padoue, dessinées par Mengardi et grav. par de Pian, Zancon et autres. *Padoue, s. d.* 25 pl. en 1 vol., très-gr. in-fol., cart.

621. Theatrum basilicæ Pisanæ erectæ in honorem Deiparæ Virginis. (*Romæ*, 1705.) In-fol. obl., 12 pl. par D. M. Franceschini, d'après J. et F. de Milanis, cart.

622. Le Fontane di Roma, disegnate et intagliate da G. B. Falda. *Roma, Giac. de Rossi*, 1691. 4 part. en 1 vol., gr. in-fol., bas.

623. Eisenwerke oder Ornamentik der Schmiedekunst im Mittelalter. — La Serrurerie ornementale au moyen âge,

par M. le baron de Hefner-Alteneck. *Franckfurt*, 1863-65. 11 liv. gr. in-4, avec 66 pl. grav. en taille-douce.

Ouvrage de toute beauté. Il en paraîtra une douzième et dernière livraison que l'on pourra se procurer dans notre librairie.

624. Imperatorum Romanorum omnium verissimæ imagines. Addita cujusque vitæ descriptione. *Tiguri, ex officina A. Gesneri*, 1559. Gr. in-fol., port. et bord. grav. en bois, vél.

Bel exemplaire. Les grandes bordures portent les monogrammes R. W, — H. R. — M. D. — Ce qui rend ce volume précieux, ce sont les nombreux et beaux ornements qui se trouvent au verso des feuillets ; ils ont été gravés par P. Floetner. Nous ignorons si Androuet Du Cerceau les a copiés d'après Floetner, ou celui-ci d'après Du Cerceau. La première supposition est la plus probable.

625. Collection d'ornements, d'animaux, etc., à l'usage d'un sculpteur. Dessins d'un artiste italien du milieu du XVIe siècle. Gr. in-fol., 37 feuillets, rel. en satin rouge.

Ce volume contient, sur 74 pages, plusieurs centaines de dessins à la plume et lavés à la sépia.

626. Recueil de figures, groupes, thermes, fontaines et autres ornemens, tels qu'ils se voient à présent dans les château et parc de Versailles, par Thomassin. *Paris*, 1694. In-4, 218 pl., v.

627. ŒUVRES D'ARCHITECTURE DE JEAN LE PAUTRE. *A Paris, chez Jean Mariette, rue Saint-Jacques, aux Colonnes d'Hercule.* 4 vol. in-fol., v. marb. (*Première reliure.*)

Très-bel exemplaire et des plus précieux, contenant plus de 900 pièces, *premières épreuves avec les adresses de Pierre Mariette et le Blond.* C'est le plus bel exemplaire en ancienne reliure que nous ayons rencontré, et le seul qui ait des titres imprimés en caractères mobiles avec l'adresse de Mariette; nous le croyons unique en pareil état. L'un des volumes est en grande partie composé de vases et de pièces d'argenterie.

628. Livre des fragmens d'architecture, oder Architectonische Monumenta gesamlet und gezeichnet von G. M. Oppenort. — Deuxième, troisième et quatrième suites des études de G. M. Oppenort, architecte. *Augustæ Vind., M. Engelbrecht.* 24 pl. in-fol. obl., d.-rel.

629. Chronicon Andecense. Von dem Ursprung, Herkommen, etc., der Grauen von Andechs. *Munchen, Ad. Berg*, 1595. In-4, parch., tr. dor.

Cette description du célèbre couvent d'Andechs en Bavière contient un grand nombre de gravures sur bois représentant les reliques et les objets sacrés qui se trouvaient autrefois dans ce couvent.

630. Theatre des instrumens Mathematiques et Mechaniques de Jaques Besson, Dauphinois. Avec l'interpretation des figures (gravées en taille-douce par Androuet Du Cerceau) d'iceluy, par Fr. Beroald. *Lyon*, *Barthelemy Vincent*, 1579. In-fol., vél.

631. Il Cancelliere di Lod. Carione, ornato di lettere corsive et d'altre maniere di caratteri usati a scriversi in Italia. Libro quarto intagliato per Fr. Villamena. *Roma*, *s. d.* In-fol. obl., front. gr. et 48 pl., cart.

Jolies planches en taille-douce, avec cadres variés à chaque page.

632. Weber-Bild-Buch. (Nouveau Livre de dessins pour les tisserands, par J. M. Frickinger, ci-devant tisserand de la cour d'Onolzbach.) *Neustadt*, 1783. In-fol. obl., cart.

Ce volume, rare, contient 100 planches de modèles gravées sur bois.

## ESTAMPES OU SUITES DE GRAVURES NON RELIÉES.

633. Un lot de pièces in-folio, contenant 38 livraisons des Monuments, par Gailhabaud. — Plusieurs centaines de vues, plans, etc., du XVI$^{e}$ au XVIII$^{e}$ siècle. — Weickhard, jeu des rois. — 2 exemplaires de Vignola. — La guerre de Flandres, par Chapuys, etc. — Le tout avec des gravures.

634. Statue équestre de Louis XIV, gravée par P. le Paultre. *Paris*, chez M$^{lle}$ le Paultre, 1699. Gr. in-fol. — La Place des Victoires, érigée par le mareschal duc de la Feuillade. In-fol., 1686. — La vision du maréchal de Sellon en Provence, caricature, avec texte en français et hollandais ayant rapport à cette statue.

635. Statue de Louis XIV. — Façade d'un des bâtiments. — Plan de la place Louis XV. — Décoration d'une moitié de la terrasse des Tuilleries du côté de la place Louis XV. 4 planches, grav. par Cathelin en 1763. Gr. in-fol.

636. Monument élevé à la gloire de Pierre le Grand, ou Relation des travaux ou des moyens méchaniques qui ont été

employés pour transporter à Pétersbourg un rocher de trois millions pesant, destiné à servir de base à la statue équestre de cet empereur, par Marin Carburi de Ceffalonie. *Paris*, 1776. Gr. in-fol., fig., cart., n. rog.

637. Colonne avec riche piédestal. Eau-forte, par Hug. Sambin, architecte dijonnois. 12 d'octobre 1588 Hauteur 59 cent. (La tête de la Justice qui se trouve en haut de la colonne a été coupée.) Avec un texte gravé, en vers français, dédié à Monseigneur.

638. Cheminées, par Abraham Bosse. *Paris, H. Weyen, s. d.* 12 planches in-fol., cart.

639. Nouvelles Cheminées à panneaux de glace, par Dan. Marot. 6 planches avant la lettre. — Fontaines, par Le Pautre. 8 planches in-fol., grand papier non rognées.

640. Ornements, candélabres, etc., par Le Pautre, Lajoue, Meissonnier, Mondon, Habermann et autres. 25 pièces in-fol. et in-4.

641. Représentation au naturel des châteaux de Weissenstein, au-dessus de Pommersfelden, et de celui de Geubach, appartenants à la maison des comtes de Schœnborn, dess. par S. Kleiner. *Augsbourg, héritiers de H. Wolff*, 1728. Gr. in-fol., en feuilles.

Riches décorations d'intérieur. Les tableaux de la célèbre galerie de Pommersfelden y sont représentés.

642. Plafonds, cadres, glaces, ornements, beaux dessins coloriés, par Verhelts, Muller, etc., exécutés vers 1750. 8 feuilles in-fol. et gr. in-fol.

643. Capricci. Parte prima. Titre et 6 planches grav. à l'eau-forte vers le milieu du siècle passé. Gr. in-4, non rogn.

644. Trophées et ornements, par J. C. Delafosse, Voysard sculp., cah. II et III. 12 planches. Deuxième cahier de décorations d'appartements, dess. par Ramson et gravés par Juillet. 6 planches. *Paris, Le Père et Auvalez, s. d.* Gr. in-fol., cart.

645. Recueil d'ornements à l'usage des jeunes artistes qui se destinent à la décoration des bâtiments, dédié à Monsieur, par G. P. Cauvet. Titre, dédicace, front. grav., et

33 planches grav. par Le Roy, Martini, Hemery, Miger, Mlle Liottier aînée, Mlle Liottier jeune, etc. Gr. in-fol., non rogn.

Rare et recherché.

646. Serrurerie, par Androuet Du Cerceau (petit-fils) et autres. 20 planches in-fol.

647. Cinq planches d'ornements pour orfévres. Oppenort inven. Huquier sculps. Gr. in-fol.

648. Dentelles, bordures, blasons, initiales sur bois et cuivre, tirées en partie de livres du XVIe siècle. Holbein, Virg. Solis, J. Amman, Hopfer, Vinciolo, etc. Plus de 200 pièces.

649. Currus velif. ill. principis Mauritii. Simon Stevinus mathm. inven (1602). Voiture à voiles exécutée pour le prince Maurice de Nassau. Eau-forte avec un texte en vers allemands impr. en car. mobiles. Gr. in-fol.

650. Vélocipède avec de riches ornements, construit par Hans Hautsch, à Nuremberg, en 1649. Gravure en taille-douc, avec un texte en allem. imprimé en caract. mobiles. Hauteur 31 cent., largeur 35 cent.

651. Voitures et carosses riches. 10 gravures en taille-douce de l'époque de Louis XIV, par Cornely, Habermann, etc. In-fol.

652. Wappenbuch. (Armorial des familles nobles de Zurich, par D. Meyer). *Zurich*, 1605. Environ 60 planches in-4, avec texte allemand in-fol.

Suite complète.

653. Chodoviecki, éventail. Apothéose de Frédéric le Grand. Eau-forte, gr. in-fol. obl.

## VIII. — ASTRONOMIE.

654. Calendarium perpetuum, Jo. Sadlero autore. Coloniæ. 1580. In-fol Entièrement gravé. — Giudicio astrologico sopra l'anno 1585 da M. Luci. *Bologna*, *Benacci*. En car. mo-

biles. Gr. in-fol. — Lunario perpetuo secondo la nova forma. *Venetia*, *Bertelli*, 1586. Eau-forte avec texte en car. mobiles. Gr. in-fol. — Tavola del sole e del mezodi per ciascun giorno dell' anno, calculato 1589 alla lat. de Bologna da P. A. C. *Bologna*, *Benacci*, 1587. En car. mobiles. Gr. in-fol.

655. Lunario perpetuo con li anni fertile et sterile, calcul. per Filippo Nostrodamo. *Firenze*, *Fr. Tosi*, 1593. En car. mobiles. Gr. in-fol. — Discorso astr. Gios. Rosaccio, cosmografo, nelquale oltre a variabil' influssi del presente anno 1604, se noui poste sette ruote de pianetti all' anno 1653. *Bologna*, *Benacci*, 1604. Eau-forte avec texte en car. mobiles. Très-grand in-fol. — Carte du ciel. Fr. Brun fecit. *Cœln*, *G. Altzenbach* (1653). Eau-forte avec texte en latin et allem. imprimé en car. mobiles. Gr. in-fol. obl.

656. Collection de plus de 60 feuilles volantes, concernant les comètes et éclipses du soleil observées en différents pays au XVII^e siècle. In-4, in-fol. et très-grand in-fol.

Ces feuilles rarissimes sont en général gravées sur cuivre et accompagnées d'un texte allemand en caractères mobiles : l'une est signée Ath. Kircher, une autre Trew, etc. Elles ont été imprimées à Strasbourg, Amsterdam, Nuremberg, Francfort, Augsbourg, Ulm, Freiberg, Ratisbonne, Gratz, Cologne, etc.

657. Modèles pour astrolabes. 8 eaux-fortes, par Georg. Hartmann. Norimbergæ, 1542-1548. In-4. (*Pièces très-rares.*)

## IX. — VUES, PLANS ET CARTES.

658. Braun et Hogenberg. Civitates orbis terrarum in æs incisæ et excusæ, et descriptione topographica, morali et politica illustrata. *Coloniæ*, 1572-1618. 6 tom., 3 vol. gr. in-fol., maroq. rouge à compart., tr. dor. (*Anc. rel.*)

Collection remarquable, qui contient de nombreuses vues et plans de villes de France, d'Espagne, de Belgique, d'Angleterre, etc., d'après les dessins de Hœfnagel. *Les planches représentent en même temps les costumes des différents pays.* La reliure du VI^e volume, dont le texte est en français, est une imitation moderne, parfaitement réussie.

659. Theatrum exhibens celebriores Galliæ et Helvetiæ ur-

bes. *Amstelodami, Janssonius* (vers 1650). Gr. in-fol., fig. color., vél. dor., tr. dor. (*Le coin d'un feuillet enlevé.*)

Deux grands plans de Paris, dont l'un vers 1560. — 2 Rouen, Calais, Fontainebleau, Laon, Rheims, Châteaudun; 3 Orléans, Blois; 2 Angers, La Rochelle; 3 Lyon, château de Cadillac, Saintes, Toulouse (très-grand), Bar-le-Duc (très-grand), Nancy, Avignon, Metz (très-grand), Besançon, etc. Grands et beaux plans de villes de Suisse. Une grande partie de ces plans sont originaux, d'autres ont déjà figuré dans la collection de Braun et Hoghenberg.

660. Plan de Paris. La ville de Paris avecq ses nouvelles fortifications, lieux et places esquelles le Roy de France tient son camp. 1590. Eau-forte. In-fol. obl. — Carte gravée à l'eau-forte, représentant les dispositions des troupes autour de Paris en 1590. Gr. in-fol.

661. Carte du Nord de la France, avec un plan de la ville de Rouen. — Carte des environs de Paris, avec les positions des troupes au siége de 1590. Joan a Dotecum fec. Les deux eaux-fortes sur la même feuille. (*Très-rare.*)

662. Belegeringe voor Parys by Henrick den vierden. Plan du siége de Paris par Henri IV, gravé à l'eau-forte, avec un texte en hollandais imprimé en caract. mobiles, à 4 colonnes, et donnant un récit des événements jusqu'en 1591. Tr.-gr. in-fol. obl.

663. Remarques singulières de la ville, cité et université de Paris, par Estienne Cholet. I. C. Lyonnois. *Paris, Jean Le Clerc*, 1614. Non rogn. (*Très-bel exemplaire.*)

C'est un grand placard imprimé d'un seul côté et en caractères mobiles: il a une longueur de 2 mètres 50 centimètres, sur une hauteur de 42 centim., et il était destiné pour accompagner un plan de Paris.

664. Églises et hôtels de Paris, par J. Marot. 71 planches, in-fol. à toutes marges.

665. Vue du château de Madrid et du pavillon de Bagatelle. — Vue du pont de Neuilly. G. Moreau pinxit, 1783. Elise Saugrain sculp., 1784. — 2 planches gr. in-fol. obl.

666. Vue du décintrement du pont de Neuilly en présence du Roy, le 22 sept. 1773. St-Aubin fecit. Belle planche très-grand in-folio obl.

667. Navire royale faicte en Hollande en 1626. Vaisseau de 48 canons à deux ponts. Belle eau-forte. H. Hondius exc. Gr. in-fol. obl.

668. Bombardement de Bruxelles, 1695. Gr. in-fol. obl. — Prise d'Audenarde. — Bataille d'Œstervelt, près Anvers. 2 ff. — Prise de Tournay, Expugnation de Tournay. 2 planches par R. de Hooghe. In-fol. obl. — En tout 6 gravures.

669. Perspectives des ruines de la ville de Bruxelles, désignées au naturel par Aug. Coppens, 1695. 12 pl. in-fol. obl., en général grav. par R. van Orley. (*Suite complète et rare.*)

670. Receuil (*sic*) des plus belles ruines de Lisbonne causées par le tremblement et par le feu du 1er novembre 1755, dessiné sur les lieux par Paris et Pedegache, et grav. par J. Ph. Le Bas. Titre gravé et 6 planches, in-fol. obl. (*Souscription en portugais et en français.*)

671. Ruins of Lisbon after the earth quake and fire. London, printed for R. Sayer. 6 pl. in-fol. obl. (*Planches gravées sur les mêmes dessins que celles du numéro précédent, avec souscript. en angl., franç. et portugais.*)

672. Vue de Lisbonne avant le tremblement de terre en 1755. *Amsterdam, Danckerts.* In-fol. (Avec texte impr. en vers hollandais). — Autre vue. *Amsterdam, Schenck.* Gr. in-fol. (Avec texte en hollandais, allemand et français.) — Vue de Lisbonne au moment du tremblement de terre. Gravure hollandaise, in-fol. obl.

673. Monumenta Fredensburgica iussu Friderici V erecta, ed. J. G. Bradt. Gr. in-fol.

Frontisp. gr., 3 ff. de texte en danois et 37 planches. Suite rare, mais dont il manque la pl. XVI.

674. Der Brand in Copenhagen. (L'Incendie de Copenhague, les 5, 6 et 7 juin 1795, par G. L. Lahde.) *Copenhague,* 1795.) In-4, texte allem. et 6 planches, plus une vignette au titre, broch.

675. Recueil de paysages suisses, dessinés d'après nature dans une course par la vallée d'Ober-Hasly et les cantons de Schwitz et d'Ury, par Lory, Lafond et Zehender, en 1797. *Berne, s. d.* In-fol., avec 14 pl. dont 13 en couleurs, br.

676. Baden und seine Umgebungen, in malerischen Ansichten von Frommel. (Bade-Bade et ses environs, en vues

pittoresques.) *Carlsruhe*, 1825. 28 pl., avec texte, in-4. — Carlsruhe in malerischen Ansichten. (Vues pittoresques de Carlsruhe.) *Carlsruhe*, 1827. 7 pl. sur chine, avec texte, in-4.

677. Carte de la Moldavie, pour servir à l'histoire militaire de la guerre entre les Russes et les Turcs (1769-71), levée par l'état-major sous la direction de F. G. de Bawr. 6 planches du plus grand format, grav. par L. Schenck et J. Schley.

## X. COSTUMES, CARICATURES, PORTRAITS, ETC.

678. Danse des Morts. Der Todtentanz, oder der Triumph des Todes, nach den Original-Holzschnitten des Hans Holbein. *Magdeburg*, *s. d.* 24 planches, avec texte en vers allemands, gr. in-4.

679. Le Triomphe de la Mort, gravé d'après les dessins de Holbein par Chr. de Mechel. *Basle*, 1780. 12 pl. gr. in-4, avec 48 sujets. (*Complet.*)

680. Danse des Morts à la moderne, par Schellenberg. In-8. (*Suite complète, avant les numéros.*)

681. Emblemata sacra, per Jo. Saubertum. *Nurnberg*, *Fürst*, *s. d.* 51 planches in-fol., avec texte en vers allemands, en ff.

682. Exposition au salon du Louvre en 1787. *P. A. Martini* faciebat. *Paris*, *Bornet*. Gr. in-fol. obl. — Exhibition of the Royal Academy, 1787. W. Ramberg del. P. A. Martini fecit. *London*. Gr. in-fol. obl.

Deux belles et rares planches.

683. L'histoire de Don Quixote et Sancho, par Weigel (vers 1700). 21 planches en taille-douce, in-4 obl. (*Très rares.*)

684. Dix-huit planches de la même suite. In-4 obl.

685. Costumes et caricatures des XVIe et XVIIe siècles, grav. en taille-douce par P. Wouter, Hieronymus Bos, 1557, Israel de Bry, Crispin de Passe. 13 pièces, la plupart in-fol.

686. Comedie ou farce de six personnaiges. Chenu viellardt est grand cocu et fort infame. — A qui les cornes met sa

jeune belle dame. A. Liefrinck excud. In-fol. obl. — Multæ tribulationes Justorum. — Dô goedê Sinte Marten is hier gestelt. Hier. Bos inven. 1561. N. Cock exc. 2 planches gr. In-fol. obl. — Si vous voulez porter le rabat à la mode, etc. Leblond exc. In-fol. 4 eaux-fortes.

687. Vingt planches grotesques, diableries, etc., dessinées par Breughel, de 1558-1567. H. Cock excud. In-fol. obl.

688. En sereinant le ciel ou en mouuant tempeste — Juppin mesmes ne peult complaire à chaque teste. A. Francken inven. C. de Mallery sculps. Ph. Galle ed. Suite de 6 pl. — L'homme et la femme de l'âge de 30 à 100 ans. A. a Londerséel exc. 8 planches. (*Beaux costumes.*)

689. Vermis sericus. (Le Ver à soie et son éducation.) Jo. Stradanus inventor. Ph. Galle excud. 6 planches gravées vers 1560. — Nova reperta. Jo. Stradanus inven. Ph. Galle excud. 1-9, 12, 15, 18. In-fol. obl.

690. La Vie et les occupations d'un négociant vers 1570. Gravure en bois à compart. avec le monogramme de Josse Amman, et un texte en vers allemands imprimé en caract. mobiles. Hauteur 33 cent., largeur 67 cent. (*Montée sur toile.*)

691. Patineurs. Grav. du XVIe au XVIIIe siècle. 3 pl. in-fol. et 2 pl. in-8.

692. L'Astre à présent dominant (l'argent, 1651). La déesse de la Richesse, dont la tête est représentée par un écu à l'effigie de Philippe IV. Belle eau-forte, avec texte en français, grav. par P. Nolpe. Gr. in-fol. obl.

693. Le Tableau du Siècle : A sa mode chacun radotte. — Ce fou rit de voir sa marotte, — Et vous riez de voir ce fou qui rit. — Dans le plaisant siècle où nous sommes. — Voilà comme son fais (sic) les hommes : — Au dépend du prochain chacun se divertit. — L'Opéra du village. — Les Deux Amans, etc. *A Paris, chez S. Landry*. 5 planches grav. en taille-douce. Très-gr. in-fol.

694. Prachtigen Staet. D'ondanckbærheit blycyck weltoon te syn seer groot, etc. R. Lubbens. Gr. in-fol. obl. — Want dees werelts kinders d'ont fangê weldaat cleyn achten. Eau-forte d'après Van de Winghe, avec 12 lignes de texte en holland. impr. en car. mobiles. Gr. in-fol. obl.

695. La Vie des étudiants. 7 planches par Crispin de Passe. — La Vie académique, par Dendrono. *Nurnberg, s. d.* Titre et 14 planches, in-fol. obl. (*La première planche est coloriée.*)

696 Ce spectacle fait voir l'Image des funestes effets que produisent le jeux. Grav. en taille-douce dans le genre d'Abr. Bosse. *Paris, P. Gallais, s. d.* Hauteur 53 cent, largeur 73 cent.

697. Scènes de théâtre. A. Parigi inv. St. della Bella fecit. 7 planches in-fol. obl.

Planches gravées pour la comédie *le Nozzi degli Dei*, représentée à Florence en 1637.

698. Scènes de théâtre de l'opéra « Hypermostra, » joué à Florence en 1658. 13 grandes planches par St. della Bella.

699. Les Plaisirs de l'isle enchantée. Israël Silvestre del. et sculps. 1664. 9 planches gr. in-fol. (*Belles épreuves.*)

700. Alcides et la Pomme d'or. Représentation théatrale au théatre de la cour de Vienne en 1667. 21 planches in-folio obl. et gr. in-fol. Eaux-fortes grav. par Kusell, d'après les dessins de Burnacini.

701 Départ des Comédiens italiens en 1697. A Watteau pinx. L. Jacob sculps. Gr. in-fol.

702. Ballets. Prince de Salerne, exécuté à Fontainebleau en 1746. — Hercules dès le berceau, ballet donné à Vienne, à l'occasion de Joseph II avec Ant. de Bavière, 1765. 3 planches in-fol.

703. Répertoire de Fontainebleau, année 1770. Dessiné par J. M. Moreau le jeune, grav. par N. Ponce. In-fol. obl.

704. Couronnement de Voltaire sur le Théâtre-Français le 30 mars 1778. A madame la marquise de Villette, dame de Ferney-Voltaire. Dess. par Moreau et grav. par Ch. E. Gaucher, 1782. In-fol. obl.

705. Deutliche Abbildung einer wohlbestellten Reitschule. (Représentation d'un bon manége, par J. C. Weigel.) 15 planches in-fol. obl., br.

706. La Maison de la cave jusqu'au grenier. 14 planches

d'intérieurs, avec un texte gravé en vers allemands. (Vers 1750). In-4, obl.

707. Studium und Exercitium des Ritter-Ordens der Podagrener. (L'Ordre des goutteux.) *Aug. Vindel., M. Will, s. d.* 4 pl. in-fol. obl.

708. Cérémonies religieuses des Juifs. Inventé par Novelli, gravé par Baratti. *A Venise, chez T. Viero, s. d.* 6 pl. gr. in-fol. obl., non rogn. (*Très-belles épreuves.*)

709. Grand Sanhédrin des Israélites de l'empire français et du royaume d'Italie, convoqué à Paris par l'ordre de Napoléon le Grand, 9 févr. 1807. Damame de Martrait del. et sculps. Gravure en manière noire, du plus grand format in-fol.

Planche curieuse. Portraits.

710. Les Coutumes des francs-maçons dans leurs assemblées, principalement pour la réception des apprentis et des maîtres. *Leipzig*, 1745, titre imprimé et 7 pl. grav. par J. M. Bernigeroth. In-fol. obl.

711. L'Arti di Bologna disegnate d'Annibale Carracci. *Augsbourg, M. Preissler*, 1738, titre avec portrait et 28 pl. à 2 sujets. In-4 obl., à toutes marges.

712. Costumes militaires du XVI^e^ et XVII^e^ siècle, grav. en bois et en cuivre, tirés de livres ou de collections. Une centaine de planches grav. par Josse Amman, Kilian et autres.

713. Costumes militaires. *a*) 56 planches tirées de l'Oplomachia di Pistofilo. Siena, 1621. *b*) 66 pl. des ouvrages d'Altieri, la Scherma, la Picca Bandiera. c) 27 pl. tirés de l'ouvrage de De Gheyn, édition in-4 obl.

714. Maniement de l'arquebuse, 42 planches chiffr., par J. de Gheyn. In-fol.

Jolis costumes militaires.

715. Emblemata hodierni rerum status in Belgica fœderata (1602). Le Prince Maurice et sa suite revenant de la chasse. J. Sanredam inv. et sculps. On remarque au fond des chasses de cerf, de sanglier, etc. Belle eau-forte, avec un texte gravé. *Amstelodami, H. Alardi*, 1602. Très-gr. in-fol. obl.

Charmante et curieuse planche.

716. Chasse au cerf près d'Eybach, par le marggrave de Brandebourg, 1755. Nusbiegel fec. — Autre chasse par le marggrave d'Anspach à Reichelsdorf, 11 août 1774. C. D. H. fec. 2 eaux-fortes gr. in-fol. obl.

On tuait une centaine de cerfs dans ces chasses.

717. La Artelleria volante. Ant. Guerrero del. T. Lopez Enguid. sc. Presentada al principe de la Paz por el coronel Maria de Maturana. 2 pl. gr. in-fol. obl.

718. Costumes-Callot inven. C. Visscher excud. 12 planches chiffr., in-8.

719. Barchia del Hercole. 18 planches pet. in-8 obl. Balli di Sessania. 24 planches par Callot, in-12 obl.

720 Costumes, principalement des costumes de théâtre, 92 planches en différents formats, gravés en taille-douce de 1600 à 1750, par Rousselet, Lubbe, Mariette et autres. (*Curieuse collection.*)

721. Costumes grotesques. G. Valck fecit. 11. pl. — N. de l'Armessin fecit, 1695. 8 pl. — A. W. B. excud., vers 1600. 1 pl. — En tout 20 gravures en taille-douce. In-fol. (*Belles épreuves à toutes marges.*)

Ces planches de G. Valck sont très-rares.

722. Costumes, grav. par Bonnard, Velthuysen, A. van Westerhout, Danckerts, Arnoult. 55 grav. en taille-douce, la plupart du format in-fol.

723. Les Arts et Métiers représ. en costumes y ayant rapport. 93 pl. M. Engelbrecht excud.

Curieuses planches, avec souscriptions en français et en allemand.

724. Costumes de divers pays, par Gatine. 23 pl. col. — Costumes suisses, par Kœnig. 16 pl. col. — Ens. 39 pl. gr. in-4.

725. Costumes français, Cris des rues de Londres, etc. 12 planch., dont 6 color. et rehaussées d'or, grav. p. Le Bas, Wagner, etc. In-fol.

726. Costumes des représentant du Peuple et autres fonctionnaires publics de la République française, gravés et coloriés par J. Hunin conformément au décret de la Convention nationale du 3 brumaire de l'an IV. Se vend à

Malines chez I. Hunin. Tableau à 16 compart., bien col., très-gr. in-fol.

727. Costumes militaires et des autorités constituées de la République française. Duplessis-Berteaux sculp. aquaforte. 28 pl. in-4, n. rogn.

728. Costumes de la garde impériale, par J. Duplessis-Berteaut. 12 pl. pet. in-8, montées sur des feuilles gr. in-fol.

729. L'Allaitement maternel encouragé. In-fol. obl. *Borel* inv., 1784. E. Voysard sculp.

730. Caricatures. P. L. Ghezzi delin., Artur Pond sculp. 1739. 14 caricatures avec intitulés en anglais. Gr. in-fol. obl.

731. Caricatures sur les modes, costumes et mœurs de la seconde moitié du siècle passé, par J. M. Will et autres. 29 planches.

732. Caricatures color., XVIIIe siècle. — Le Marchand d'images savoyard. — Les Politiques anglais. — Monstre qui a été pris dans le lac de Fagua, province du Chili (2 planches). — Gouvernement anglais, etc. — 7 pl. in-fol. et grand in-fol.

733. Caricatures de modes et autres du commencement de la Révolution. 18 pl. in-fol. dont 15 color.

734. Clergé de France et autres caricatures, grav. sur cuiv. et color., du commencement de la Révolution. Vers 1791. 23. pl. in-fol. et gr. in-fol.

735. Hollandia regenerata. Dansons la Carmagnole, vive le son. Die nieuwe Organisatie. 1795. Het I. Jaar der Batavsche Vryheit. 20 belles eaux-fortes, tirées en rouge.

736 Caricatures parisiennes. — Modes. — Fin de la Révolution et Empire, par Gilbert et autres. — La Vogue des montagnes aériennes du jardin Beaujon. — La Belle Poule. — Les Invisibles, etc. — 12 pl. color. in-fol et gr. in-fol.

737. Modes, costumes et caricatures du commencement de ce siècle jusqu'en 1815. 48 pl. color. in-fol., par Gatine et autres. (En général de la publication *le Bon Genre.*)

738. Les Étrangers à Paris après 1815, caricatures de l'époque, par Horace Vernet, Finard et autres. 18 pl. in-fol. dont 15 color.

739. Enlèvement de Manneken-Pis à Bruxelles dans la nuit du 4 au 5 octobre 1817. In-fol. obl.

740. Pontificum Maximorum effigies typis æneis expressæ Gerardi de Jode artificio. *Antverpiæ*, 1585., titre grav. et 29 portraits.

On a ajouté les portraits des cardinaux (46), grav. par Baron et autres, et extraits de l'*Histoire des Cardinaux* de Du Verdier.

741. Le Miroir des plus belles courtisanes de ce temps. *S. l.*, 1630. In-4 obl. (*Exemplaire incomplet et dont quelques planches sont coloriées. On a ajouté quelques doubles avec variantes.*)

742. Custodis (Dom.) Icones decem illustr. Baronum ex Fuggarorum gente. *Augustæ Vind.*, 1592. Titre et 9 port. — Aquila signifera S. R. Imperii. Titre grav. et 7 port.

743. La Voisin, empoisonneuse, brûlée le 22 février 1680. Eau-forte par A. Coypel. In-4, épreuve du premier état. — La même, avec un texte en hollandais imprimé en caract. mobiles. *Amsterdam, Dan. Du Fresne*, 1680. In-4.

744. Portrait du chevalier d'Eon de Beaumont, dessiné et gravé par B. Bradel (1753). Gr. in-fol. (*Belle épreuve non rognée.*)

745. Peter Henry Treyssar de Vergy, advocate in the parliament of Bourdeaux, author of several literary Performances in England, and famous for his concern in the memorable quarrel between the count de Guerchy and the chevalier d'Eon. 1763. Portr. grav. en manière noire, avec un texte en anglais impr. en caract. mobiles. *London, W. Humphrey*, 1775. Gr. in-fol.

746. Trente-trois portraits, Georges Cadoudal et ses complices, grav. par Gautier. In-8.

## XI. RÉFORMATION.

747. Portraits de Réformateurs, pièces des XVI^e^, XVII^e^ et XVIII^e^ siècles, de différents formats, grav. en taille-douce

ou en bois. Pierre Martyr, Viret, Melanchton, Justus-Jonas, Beza, Calvin, Érasme, Knox, Œcolampadius, Farel, etc., etc.

748. Cinquante-deux portraits de Luther, de sa femme, etc., gravés au XVI^e, XVII^e, XVIII^e et XIX^e siècles, en général en taille-douce. (*Différents formats.*)

Collection curieuse.

749. Gœttlicher schriftmaessiger Traum. (Rêve que le duc Frédéric de Saxe a eu trois fois à Schweidnitz en 1517. (G. Grahle scrips. *Leipzig*, *J. Gluck*, 1617. Eau-forte avec texte en allemand gravé. Gr. in-fol. obl. — Synodi Dordracensis delineatio. 1619. Eau-forte avec un texte en caract. mobiles en latin. Très-gr. in-fol. — La Balance arminienne (1619). Eau-forte, gr. in-fol.

750. Confession d'Augsbourg et Réformation. Das lutherische Katechismus Kleinod. Tableau à 22 compart. Jo. Corvinus sculps. Tres-gr. in-fol. — Verbum Domini manet in æternum. H. Trœschel sculps. 1617. — Les Sacrements de l'Église réformée. 1684. Gr. in-fol. obl. — Représentation des plus célèbres personnes de la Réformation. Portraits, scènes historiques, médailles et blasons. Beau tableau gravé vers 1717 par Schleuen. Très-gr. in-fol. (*Et d'autres pièces.*)

751. Bildenus eines neuwen Propheten, ausz Franckreich herbracht *Ist feil zu Paris in S. Jacobo gassen zum guldenen morselstein bei Viuian Gautherot*, 1539. In fol.

Un feuillet, avec le portrait gravé sur bois du prophète à gauche et du texte imprimé à droite et en bas; plus un autre feuillet imprimé en caractères mobiles, qui contient une lettre en allemand de Joannes Caluinus.

752. Le Banquet des confessions. Luther, Calvin et le papiste à la même table. Luther joue de la guitare, Calvin tranche l'agneau, le papiste mange du bouilli. — La Raison sert à table, l'anabaptiste se contente de la lèche-frite, et la Concorde apporte du gibier (un cerf). — Eau-forte gravée vers 1560, avec texte gravé en hollandais. In-fol. obl.

Pièce curieuse. On a ajouté une autre eau-forte, copie de la même époque, avec un texte gravé en allemand.

753. La Généalogie papale. Cest arbre haut monte apportant mauvais fruict. — Dieu ne la pas plante — Pour ce il sera detruit. Belle eau-forte avec texte gravé (vers 1560). Gr.

in-fol. — La Tour de vive Foy sapée en vain par les suppost de l'Antichrist. Ph. de Mallerie, sculps. Eau-forte avec des vers gravés, en français. L'intitulé est en caract. mobiles. Gr. in-fol. obl.

754. Grande eau-forte, œuvre d'un orfèvre vers 1550, représentant les réformateurs à gauche et les ennemies de la reformation à droite. Nombreux et beaux portraits des réformateurs allemands, français, anglais, etc., et de leurs adversaires. Avec la légende : Die Strass zur Hellen ist breit, Aber der Wege zum Himel ist schmal. Hauteur 43 cent., largeur 58 cent.

755. —— La même planche, épreuve moins belle et moins bien conservée que le numéro précédent.

756. Guerres de religion. Copies du premier volume, par Hoghenberg, et d'autres planches. Exécution d'Anne du Bourg, Colloque de Poissy, etc. 54 planches in-fol. obl.

757. Kaiser Maximilian II, als Beschützer des Reichs. W. Jamnitzer inven. J. Amman fec. (*Norimbergæ*, 1571). Grande et très-belle eau-forte composée de 2 feuilles gr. in-fol. collées ensemble. Avec texte en allem. imprimé en car. mobiles.

758. La comparaison de la clef du pape avec la clef de S. Pierre. Eau-forte, par H. Wechter, 1606. Planche gr. in-folio, avec un texte en allem., gravé. — Caricature sur le comte Palatin, et ses démarches auprès du pape et les jésuites pour obtenir la succession dans les pays de Cleves. Planche gr. in-fol., avec texte en allemand impr. en car. mobiles.

759. Effigiatio synodi nationalis inchoatæ Dordrechti anno 1619. Gr. in-fol. (*Avec 106 portraits des pasteurs assistant au synode, et texte imprimé.*)

760. Justitie tot Leyden en Rotterdam. (Décapitation des Arminiens J. Pieterszoon, G. Cornelisz, S. de Plecker, et C. M. Bontetal, en 1623.) In-fol., avec texte manuscr.

761. Grouwelyke moord and de Vaudoisen in Piemont. Les horribles massacres des Vaudois, le 25 janvier 1655. Eau-forte à 16 compart., accompagnée d'un texte en hollandais imprimé à 3 col. en caract. mobiles. *Amsterdam, J. Hondius*, 1655. Très-gr. in-fol.

762. Kort Verhael van den Elendigen toestant van de Volckeren en Piemont. Relation des terribles persécutions des Vaudois depuis 1655 jusqu'au 2 sept. 1663. Voy la Religion qui pleure incessament qu'on repand, sans pitié le sarg (*sic*) de l'innocent. Belle eau-forte à 11 compart., avec un texte en hollandais imprimé à 4 col. en car. mobiles. Très-grand in-folio.

763. Miroir des tourments exercés contre ceux de la Religion réformée en France en 1685 et 1686. Belle eau-forte par Rom. de Hooghe à 13 compart., avec un texte en français et hollandais imprimé à 4 col. en car. mobiles. Tr.-gr. in-folio.

Premier état de cette curieuse et rare planche.

764. La même planche, avec texte hollandais seulement. On a gravé en bas I. Tangena excudit, indication qui ne se trouve pas sur les épreuves du premier état.

765. T'Vaticaan inden Rouw. Grande et belle eau-forte avec un texte en vers hollandais, imprimé en caract. mobiles. On remarque en haut de la planche les armes du pape, de l'Espagne, de la France, de la Grande-Bretagne, de la Pologne, du Portugal et de l'Autriche, et en bas les armes d'Ecosse, d'Angleterre et d'Irlande. Très-gr. in-fol.

766. Arlequin furieux et Pantagion triumphant. Eau-forte, par R. de Hooghe, 1688. Pièce satirique. Gr. in-fol., sans le texte. On remarque au fond les armes du Dauphin. — Arlequin sur l'Hippogryphe à la croisade Lojoliste. Eau-forte, par R. de Hooghe, 1688. Gr. in-fol., avec un texte en vers hollandais imprimé à 4 col. en car. mobiles. Tr.-gr. in-fol.

Révocation de l'Édit de Nantes.

767. Het beest van Babel is aan't vluchten. (Père Peters fuyant devant Guillaume assis sur le lion néerlandais.) *Gesling*, Genèvæ ex. — Le Maitre gaigne petit. A Langres, chez Tongelet. — 2 pièces in-fol., grav. dans le genre de Rom. de Hooghe (1689), avec texte en vers hollandais.

768. Les Héros de la Ligue, ou la Procession monacale conduite par Louis XIV, pour la conversion des protestans de son royaume. *Paris, chez le Père Peters, à l'enseigne de Louis le Grand, s. d.* In-4, en ff.

Titre et table gravés, et 24 portraits-caricatures en manière noire (par Dusaert ?).

769. Le Clergé catholique faisant la guerre à la religion chrétienne. Grande gravure allégorique, d'un maître hollandais, grav. vers 1730. Belle épreuve, avant toute lettre.

770. La malheureuse famille Calas. Carmontelle del. Delafosse sculps. Gr. in-fol. obl. — La même. Eau-forte par Fritsch, avec texte en hollandais imprimé en caract. mobiles. *Amsterdam*, *Bom*, 1776. — Les Adieux de Calas à sa famille, gravés par D. Chodoviecki. 1788. Gr. in-fol. obl.

## XII. — FEUX D'ARTIFICE, ILLUMINATIONS, BALLONS.

771. Feu d'artifice tiré à Nuremberg en 1570. Jo. Amman fec. — Feu d'artifice fait à Paris au sujet du mariage entre la France et l'Espagne. D. Meyer fecit, 1612. 2 planches grav. en taille-douce.

772. Feu d'artifice tiré à Lyon le 21 juin 1598. — Gravure in-folio avec texte gravé en allemand. — Battaglia del re Tessi et del re Tinta. J. Callot fecit. *Firenze*, 1619.

773. Treize feux d'artifice tirés aux XVII<sup>e</sup> et XVIII<sup>e</sup> siècles à Nuremberg, en différents formats, avec texte gravé ou imprimé en caract. mobiles.

Cette collection contient des pièces très-rares.

774. Alliance forgée dans le feu de l'amour. Feu d'artifice tiré en novembre 1668. Jo. Ulr. Kraus sculps. Planche du plus grand format.

775. Feux d'artifice, illuminations, banquets, etc., ordonnés à l'occasion du couronnement de Charles XI, roi de Suède, 20 déc. 1673. Eaux-fortes par C. Eimmart et D. Klöker. 9 planches gr. in-fol. et in-fol. obl.

Ces planches font suite au carrousel tenu à cette époque; elles seront vendues avec le n° 469 de ce catalogue.

776. Feu d'artifice. Représentation de l'appareil que les

pères Jésuites du collége de Louis le Grand ont fait dans la cour des classes pour l'heureuse naissance du duc de Bourgogne, le 24 août 1682. Seuin del. Steph. Gantrel sc. Très-gr. in-fol.

777. Feu d'artifice tiré à Brünn à l'occasion du mariage de l'empereur Joseph, en 1699. J. Dechau del. J. G. Laidig sculps. Planche du plus grand format. In-fol., avec texte gravé en latin.

778. Feu d'artifice tiré à Florence pour le jubilé de 1650. Car. Rainal archit. D. Barrière delin. et sculps. Planche du plus grand format, avec texte gravé en latin.

779. Description du feu d'artifice brûlé par Charles de Schlippenbach, à l'honneur de Charles-Gustave, comte palatin. Planche très-grande. In-fol., avec une explication en vers allemands imprimée en caract. mobiles.

780. Feu d'artifice. Lux publica et profesta in nuptiis Fr. Gulielmi, regis Borussiæ, 1706. Hauteur 56 cent., largeur, 85 cent.

781. Feux d'artifice, illuminations, arcs de triomphe à l'honneur de l'empereur Charles VI, faits à Nuremberg en 1712. 6 planches très-gr. in-fol, avec un texte en allem., imprimé en caract. mobiles. Ces planches ont été gravées par H. Bœlman et autres, d'après les dessins de Gebhardt et Preissler.

782. La Grande Illumination faite à Würzbourg par le prince-évêque Jean Philippe à l'honneur de l'empereur Charles VI, le 13 janvier 1712. Henricus Ostertag et And. Friderich sculps. (Avec un texte gravé en latin.) Hauteur 74, largeur 50 cent.

783. Représentation des illuminations avec leurs ornements faits par le magistrat de La Haye à l'occasion de la paix avec Sa Maj. Louis XIV, le 14 juin 1713. H. Pola delin. — Représentation de la figure du théatre avec ses ornemens et le beau artifice, fait par ordre des Etats Génér. à La Haye le 14 juin 1713. M. Pola delin. D. Stoppendaal fecit. 2 planches d'un très-grand format, texte en français et hollandais. — Figure du théâtre avec le feu d'artifice. fait construire par les Etats de Hollande et de Westfrise

dans le Vivier à La Haye. 14 juin 1713. Planche du plus grand format, avec texte gravé.

La première planche a été publiée par B. Mourik, à Amsterdam; les deux autres par Anne Beek, à la Haye. Les artificiers étaient P. v. Ellinckhousen et J. van den Beeke.

784. Figures du théâtre avec les ornements et un curieux artifice de feu, fait construire par ordre des Estats de Vrise sur le marché de Leeuwarde, alumé le 14 de juin 1713. Dan. Marot inv. P. v. Call. fecit. Planche d'un très-grand format, avec texte gravé en français et hollandais.

785. Feu d'artifice tiré à Nuremberg le 24 août 1716, en honneur du gain de la bataille de Peterwardim par l'archiduc Léopold. M. Gebhardt del. Planche (avec texte gravé en allemand) par M. Gebhardt.

786. Ex igne triumphus. Feu d'artifice tiré à Nüremberg le 7 septembre 1717, en souvenir de la prise de Belgrade. M. Gebhardt del. Planche du plus grand format in-folio, avec un texte gravé en allemand.

787. Illumination faite en honneur du pape Innocent XIII à Ratisbonne, par le cardinal de Saxe, le 8 juin 1721. — En honneur de Benoît XIII, par le même, le 3 sept. 1724. A. Geyer sculps. — 2 planches gr. in-fol., avec texte en latin et allem.

788. Représentation du feu d'artifice tiré à Wurtzbourg, le 22 sept. 1725, à l'honneur de la princesse Elisabeth d'Autriche. Très-grande planche avec texte en allem., gravée par A. Nunzer.

789. Beschreibung der grossen Wasser-Jagd. (Description de la grande chasse à l'eau et du magnifique feu d'artifice donnés à Wurzbourg, le 22 septembre 1725, lors du séjour d'Elisabeth d'Autriche, gouvernante des Pays-Bas. *Würzburg*, 1725. 2 part. en 1 vol., in-fol., cart.

Avec 2 grandes planches pliées, par J. Salver et A. Nunzer.

790. Ce feu d'artifice, dont la première partie était en blanc, la seconde en bleu et blanc, et la troisième allumée sur l'eau en bleu, a été tiré à Charlottenbourg en présence du roi de Prusse, à l'honneur de Frédéric-Auguste, roi de Pologne, en juin 1728. G. P. Busch sculps. 2 planches très-grand in-fol., avec texte gravé en allemand.

791. Feu d'artifice exécuté à Munich à l'honneur de l'Electeur de Trèves, le 22 oct. 1728, arrangé par le commandant Lintner et l'artificier en chef A. Keller. F. A. Chauberton del. Grande planche, avec texte en allemand, gravée par Elias Bieck.

792. Dessin de l'illumination et du feu d'artifice donné à Mgr le Dauphin, à Meudon, le 3 sept. 1735. Debonneval invenit. H. Cochin filius delineavit et sculpsit. Planche gr. in-folio.

793. Illuminations faites à Paris au mois d'août 1739. 5 planches en différ. formats, par Slodtz, Cochin, de Sève et autres.

794. Casa de campo del Ex^mo S^or Conde del Montijo, embaxador a Francfort, le 18 nov. 1741. L. Wagner sculps. Aug. Vind. Très-grand in-fol. obl. — Iluminacion de las cassas del Ex^mo S^or Conde de Montijo las noches del 18 et 19 de noviembre de 1741. H. Sperling sculps. Gr. in-fol. obl. — Galeria mandada hazer por el conde de Montijo en su casa de campo a oxilla del Rio Meyn, 18 nov. 1741. A. Wolfgang sculps. Très-grand in-fol. obl.

795. Représentation du magnifique feu d'artifice tiré à Munich à l'honneur de Maximilien-Joseph de Bavière et de sa femme Marie-Anne, princesse de Pologne et de Saxe, en juillet 1747. Dirigé par L. von Forstner. Math. Wieland, tormentarius, sculpsit Monachii. (Avec texte gravé en allemand.) 2 planches, dont l'une a 85 cent. de hauteur sur 65 de largeur. (*On a ajouté le prospectus in-4.*)

796. Plan et superbe édifice construit dans le Vivier de La Haye, ainsi que l'arrangement du beau feu d'artifice qui a été tiré le 13 juin 1749. S. de Creuznach inven. J. C. Philips del. et sculps. 2 planches d'un très-grand format.

797. Vue perspective de la décoration élevée sur la terrasse du château de Versailles pour l'illumination et le feu d'artifice qui a été tiré à l'occasion de la naissance du duc de Bourgogne, le 30 déc. 1751. Dessiné par Cochin fils ; eau-forte par M. Marvie, terminée par J. Ouvrier. Très-grand in-fol. obl.

798. Dessin du feu d'artifice donné par S. A. Palatine à Mannheim, le 17 janvier 1758. Conduit par M. de Pfister,

capitaine, qui en a fait les dessins, et selon lesquels le s[r] Paul Varinot, artificier français, a fait l'exécution en feu. Gravé dans 23 jours par B. de La Roque. Hauteur 63 cent., largeur 90 cent.

799. Feux d'artifice par Biena, Torelli, Silvestre, etc., tirés à Vienne, à Paris, à Florence, etc. 6 planches in-fol. et in-4.

800. Aérostatique. Montgolfier, ses ballons et ses voyages. Portrait et 7 planches in-8, et 14 planches gr. in-folio. On remarque dans cette collection 4 différentes gravures repr. l'accident arrivé à Gonesse.

801. Aérostatique. Blanchard, ses ballons et ses ascensions à Nancy et à Nuremberg, en 1787. 15 planches en petit format et in-4, et 2 planches gr. in-fol.

802. Aérostatique, Charles et Robert, 1783. 5 planches in-4, dont une par Duplessis Bertaux, avant et avec la lettre, et 2 pl. in-fol.

803. Aérostatique. Expériences diverses et caricatures du siècle passé, dont une fort belle en couleurs, gravée à Berne par A Duncker. 6 planches in-fol. avec texte grav.

## XIII. ENTRÉES, CÉRÉMONIES, POMPES FUNÈBRES, BATAILLES, ETC.

804. Atlas historicus, oder allgemeine historische Charten, entworfen von J. G. Hagelgans. *Francfurt, a/M*, 1718. 19 planches gravées par D. Heumann, et une feuille de texte imprimée en caractères mobiles. Très-grand in-folio.

Rare. Les planches, bien gravées, représentent des milliers d'événements historiques.

805. Tournoi des compagnons de Nuremberg, en 1446, gravé à l'eau-forte en 1845 par Ph. Walter. 10 planches in-fol. obl. Exemplaire du premier état. On a ajouté un texte en allemand.

806. Die auferhebung des folcks und grosser nachfolgung des Sophund spricht er sey ein prophet, und sein gesetz das er neulich im Landt Persia auf erhebt hat. In-fol.

Feuille volante du XVe siècle. Le texte indiqué ci-dessus en deux lignes, une curieuse gravure sur bois, et 39 lignes de texte en caractères mobiles (gothiques). Cette pièce est vraisemblablement unique.

807. Christophe Colomb déclare ses plans à Granvelle et aux conseillers réunis. Nicolaus Perenottus fec. (au XVIIe siècle). In-4 obl.

808. Char de triomphe de l'empereur Maximilien, par Albrecht Durer, gravé en bois par H. Guldenmundt en 1529. 8 feuilles in-fol. collées ensemble.

Copie plus rare que l'original; Guldenmund fut condamné le 4 mars 1532 à cause de cette contrefaçon. On a ajouté une autre très-grande copie grav. en taille-douce.

809. Contrafacture der Kirchen zu Regenspurg welche zu der Schönen Maria genannt worden, mit Beschreibung der Wallfahrt im Iahre 1519. Gr. in-fol.

Gravure sur bois, par A. Altorfer (Bartsch, 51); texte imprimé en 1610 ajouté.

810. Verzeichniss der Fürsten und Edlen, so auff dem Reychstag zu Regenspurg gewesen seind, im Jar 1541. Item des Hertzogen von Pommern Lehensempfahung. *Augspurg*, *H. Steyner* (1541). In-fol. de 20 ff.

Avec 4 gravures sur bois, dont deux de la grandeur des pagec. Pièce d'une grande rareté.

811. Arc de triomphe érigé à Nurnberg en 1541, au sujet de l'entrée de Charles V. Gr. in-fol., gravure sur bois.

812. Siége de Perpignan en 1542. In-fol. obl. par Eneas Vico. (*Inconnu à Bartsch.*)

813. Eyn wunderbarlicher Fisch furwar. Jn Denmarck gefangen diesses Jahr... Bey einer Statt heisst Ellenbogen, Vier meyl von Koppenhagen, MDXLVI (1546). Grande gravure en bois, avec un texte en vers allemands, imprimé en caract. goth. Gr. in-fol.

Pièce très-rare; elle doit représenter un dauphin auquel on a donné une figure de moine.

814. Collection des planches de Hogenberg, pour représenter les événements et faits historiques curieux qui se sont

passés en France, dans les Pays-Bas, etc. Environ 400 pl. in-4 obl.

Premier tirage. Cette collection se compose ainsi : I. Guerres de Charles V en Afrique, 8 pl. — II. Guerres des Pays-Bas (1555-58), 5 pl. — III. Guerres religieuses de la France, 34 planches, en général d'après Tortorel et Perissin. — IV. Evénements des guerres en France et dans les Pays-Bas, 43 pl. — V, VI, VII, VIII, IX, X. Scènes des guerres des Pays-Bas et de l'Allemagne, et plusieurs autres planches gravées par Hoghenberg.

Il serait presque impossible de former maintenant une collection aussi complète.

815. Tortorel et Périssin. Le roy Henry II, qui est sur son lit de mort. Sur bois. Gr. in-fol. Texte en allem.

816. Exécution d'Amboise, 15 mars 1560. En bois. Gr. in-fol. Texte en allem.

817. Deffaite à St-Gilles, 1562. Sur cuivre. Gr. in-fol. Texte en allem.

818. La Prinse de Vallence, en Daulphiné, 1562. En bois. Gr. in-fol. Texte en allem.

819. Assassinat du duc de Guise. — Exécution de Poltrot, 1563. 2 planches sur cuivre. Gr. in-fol. Epreuves très-faibles, avec texte en allem.

820. Orléans assiégé. — La paix faite en l'Isle aux beufs près d'Orléans, 1563. 2 planches sur cuivre. Gr. in-fol. Texte en allem.

821. Bataille de St-Denis, 10 déc. 1567. Sur bois. Gr. in-fol. Texte en allem.

822. Bataille de Dreux : Ordonnance. — Seconde charge. — Quatrième charge. — Retraite. 4 planches sur cuivre. Gr. in-fol. Texte en allem.

823. Rencontre des deux armées à Cognac, près Gannat, en Auvergne, 5 janvier 1568. Gr. in-fol. sur bois. Texte en allem.

824. Ordonnance des deux armées près de Moncontour, 1569. Sur cuivre. In-fol. Texte en allem.

825. Rencontre entre Cognac et Chastoneuf, 13 mars 1569. (Cuivre.) — Le même, autre planche (bois). In-fol. Texte allemand.

826. Surprinse de la ville de Nismes, 1569. Sur cuivre. Gr. in-fol. Texte en allemand.

827. La Rencontre des deux armées à la Roche en Lim ousin, 1567. Sur cuivre. Gr. in-fol. Texte en allem.

828. Le Roi Henry blessé au tournoi de la place Royale. *Perissin* f. 1570. Texte en allem. — Mercuriale tenue aux Augustins de Paris. *Perissin* f. 1570. — 2 gr. pl. sur cuivre avec texte allemand, plus la copie de cette dernière planche par Hogenberg.

829 Entreprise d'Amboise, 1560. J. Tortorel fecit. (Texte allemand, grav. sur bois.) —Massacres de Tours en 1562. (Texte allemand, grav. sur bois.) — Massacres de Cahors. J. Tortorel f. (Texte allemand, sur bois.) — Siége d'Orléans, 1563. Avec le monogramme de Perissin. (Texte allem., grav. sur cuivre.) — 4 pl. in-fol. obl.

830. Assassinat du duc de Guyse par Poltrot, 18 févr. 1563. 2 épreuves avec texte en allem. et en franç. — Supplice de Poltrot, avec texte en allem. — 3 pl. sur cuivre, in-fol. obl., *avec le monogramme de Perissin.*

831. Quatrième charge de la bataille de Dreux, le 9 décembre 1562. (Sur cuivre, 2 épreuves avec textes allem. et franç.) — La Retraite de la bataille de Dreux (cuivre). — 3 pl. in-fol. obl.

832. Massacres de Nîmes, 1567. Monogr. de Perissin, texte en allem. — Rencontre des deux armées à la Roche, 1569. J. Tortorel fec. Texte en allemand. — La Deffaite de S. Gilles en Languedoc, 1562. Texte en franç. — 3 pl. sur cuivre, in-fol. obl.

833. Ordnung und Forma eines Veltlegers des Türckisch Kaysers. Représentation du camp de l'empereur turc. Eau-forte par F. Huys. *B. de Mompere exc. Antverpiæ*, 1558. Très-grande et très-belle planche composée de 2 feuilles collées ensemble, avec une dédicace en allemand à Sforcia Palavicino, imprimée en caract. mobiles.

834. Funérailles de Charles V à Bruxelles.

Première édition. Exemplaire incomplet, se composant ainsi : titre gravé avec texte allemand, pl. 2, 7, 8, 12, 20, 25, 26, 28, 32 (coloriées); plus 2 planches de la *Danse des Morts* de l'édition de Hondius (pl. noires).

835. Tournois à Vienne en Autriche, juin 1560. — *a*) Tournoi à pied et à cheval, G. Guerra, fec. — *b*) Second tournoi, gravé dans la manière de P. Opel. — *c*) Tournoi à pied. H. S. Lautensack fec., *d*. — Banquet chez l'empereur, F. Terzi fec. — *e*) Bal au château de l'Empereur, Terzi fec. — 5 belles eaux-fortes gr. in-fol. obl.

Le texte qui accompagne ces planches se trouve sous le nº 316 de ce catalogue; il sera vendu avec les gravures.

836. Disegni della guerra, assedio et assalti dati dall armata turchesca all' isola di Malta, l'anno 1565, sotto il governo Gio. di Fr. Parisoto di Valetta, gran maestro. Dipinti nella gran sala del palazzo di Malta da Matteo Perez d'Aleccio. Et hora intagliati da Ant. Franc. Lucino, Fiorent. *Bologna*, 1631. — 16 pl. gr. in-fol. obl.

Belle suite de la plus grande rareté.

837. Siége de Malte, 1565. Eau-forte par D. Zenoi. Gr. in-fol. obl. — Le même sujet. Eau-forte, J. Cock. *Anvers*, 24 Doctobre 1565. In-fol. obl.

838. Monstra della giostra fatta nel teatro del Palazzo. — Tournoi tenu dans la cour du Vatican le lundi gras 1565. Très-belle et très-grande eau-forte avec le monogr. de J. Bincks. (*Romæ*), *J. Lafreri formis*. Gr. in-fol. obl.

839. Hongrie. Batailles et siéges, 1566-1601. Guyla, Villeck, Palotta, Sygesk, Raab, Raab 1594 (plus grand et avec un texte gravé en allem.), Comorra, Gran, Vizegard, Tergovist, Erla, Erla 1596 (plus grand et avec texte gravé), Petrina, Temesvar, Waitzen, Waitzen 1597 (plus grand avec un texte en allem. impr. en car. mobiles), Tottis, Papa, Tockay, Ofen, Raab (1598), Canischa et Stuhlweissenburg, 1601. — 23 eaux-fortes in-fol. obl.

840. Beschreibung des Herrenschiessen mit dem Stachel.— Description du tir de l'arbalète tenu par les patriciens d'Augsbourg en 1567. 24 ff. in-fol. (*Copie moderne*.)

841. Warnung an die Geltwucherer. Avis aux usuriers. Belle gravure en bois entourée de bordures et rehaussée d'or et d'argent, avec un texte en vers allemands impr. en car. mobiles. On s'est servi de deux bois pour cette feuille volante, dont le plus curieux a été gravé vers 1530 dans le genre de Burgkmaier; l'autre est du commencement du XVIIe siècle. *S. l.*, 1602. Gr. in-fol. obl.

842. Le Danse du mundi. Du monde marque ici la feinte faulsete, qui te beau semblant et semble qui te flate, etc. Des fous dansent une ronde autour de la dame Vanitas, richement vétue. Belle gravure en taille-douce exécutée vers 1560, avec texte gravé en français, flamand et latin. Haut. 36 cent., larg. 45 cent.

843. Le faux berger tient plusieurs mercenaires,—Qui comme loups deuorent le troupeau, —Tant que ses chiens decouurent les affaires,—En leur rostant la chair et la peau. M. v. Cle. inwe. H. Bol fecit. *W. van Haecht Comp et excud Thantwerpen*. Belle eau-forte avec texte en français, flamand et allemand impr. en car. mobiles. Haut. 33 cent., larg. 30 cent.

844. Miraris multo compleri pisce Popinam. Trux Caluine tuam et spurce Luthere tuam, etc. Satire contre les moines et les religieuses, vers 1560. Grande et belle eau-forte, avec un texte en allemand impr. à 5 col. en car. mobiles. Très-gr. in-fol.

845. Prachtigen Staat. Gravure dans le genre de Goltzius. Beaux costumes d'hommes et de femmes. Gr. in-fol. obl. *Un peu coupée à gauche.* — Monsieurisch Alla modo und Damische Bisarrie. *Gedruckt, zu Pressenheim*, 1628. Caricature sur les modes de cette époque, eau-forte avec un texte en vers allemands impr. à 3 col. en car. mobiles. Gr. in-fol.

846. Ein erschrockenliche Geschicht eines Manns-Angesicht. Tête d'homme couronnée de serpents, trouvée en Bourgogne dans un œuf le 15 mars 1569. Gravure en bois avec intitulé xylographique et un texte en vers allemands. In-fol.

Pièce vraisemblablement unique. Nous ignorons si c'est un canard ou une caricature politique.

847. Siége de la Rochelle 1572, eau-forte avec un texte gravé en allemand. B. Jenichen fec. In-fol. obl.

848. Exécution de deux frères Mineurs devenus calvinistes. *Bruges*, 18 mai 1578.—De trois frères Mineurs sodomistes. *Bruges*, 26 juillet 1578. — De quatre frères Mineurs et d'un Augustin pour le même crime. *Gand*, 28 juin 1578. —Du comte de Hardeck à Vienne, 1595.—De G. Pardeiser zu Canischa, 1601. — De J. Kalkbrenner et d'autres

rebelles à Aix-la-Chapelle, 1616. — 5 eaux-fortes avec texte en allemand, gravées par différents artistes de l'époque. In-fol. obl.

849. Concile de Trente. A. Brambilla fec. Gr. in-fol. obl. —Conclave pour l'élection du pape Léon XI. H. Ulrich sc. (1605). Eau-forte avec un texte allemand gravé. In-fol. obl.

850. Première cérémonie de l'ordre de Saint-Esprit en 1579. In-fol. — Assassinat de Henri III par Clément. Eau-forte color. à 4 compart (1589). In-fol. obl.

851. L'ordre et disposition de l'armée de son Alteze entrant à Cambray, le 18 aoust 1581. Eau-forte, Abraham de B (ruyn), excud. Texte gravé en français et flamand. Gr. in-fol. obl. — Vue de la ville et de la citadelle de Cambray. 1677. Ertinger sculps., 1685. Très-gr. in-fol.

852. Die Conterfaitinge van den aenslach gheschiet byde Franchoysen binnen Antwerpen. L'Expulsion des Français d'Anvers 1583. Tableau composé de 3 grandes eaux-fortes dans la manière de Cock, collées sur toile. — Disposition de la bataille qui sest faict en Anuers contre les Franchois. Gedruckt tot Antwerpen. In-fol. obl. Gravure de la même époque. — D'aanslag van den Hertog van Anjou op Antwerpen. Eau-forte par Luyken. In-fol. obl.

853. Abris der Aufzoge so da sint worden zu Dresden, Anno in 84 Iar den 2 Ianuar Mit besondern Fleis abgerissen und auf Kopper gardirt durch Daniel Bretschneider, Burger vnd Maler zv Dresden. 1584. Eau-forte color. à l'époque. Haut. 17 cent., larg. 190 cent.

Le titre est autographe de l'artiste.

854. Pugna in aggere Couensteinio, 1585. H. G. Pistorius inv. et sculps., 1647. Gr. in-fol. obl.

855. Erection de l'Obélisque à Rome, par D. Fontana, 1586. Eaux-fortes, G. Guerra del. N. Bonifacio sculps. B. Grassi esc. 7 planches avec texte italien gravé, très-gr. in-fol. — Consecration de l'Obélisque. 2 planches très-gr. in-fol. Premier et second état. — Vue de l'Obélisque. J. de Rossi exc. Avec texte gravé. Très-grand in-fol. — Portrait de Sixte V entouré des monuments qu'il a fait ériger ou res-

taurer. Nic. van Ælst sc. *Romæ*, 1589. Tr.-gr. in-fol. En tout 11 planches.

856. Warhaffte Contrafactur des Stahlschiessens zu Regensburg 13 July 1586. (Représentation du tir à l'arbalète tenu à Ratisbonne). Gr. par P. Opel. 5 eaux-fortes, gr. in-fol. obl.

Suite des plus curieuses.

857. Assassinat de Henri III et exécution de Jacques Clément. Gravure en taille-douce à 4 compart. avec texte gravé en allemand et français. Hauteur 19 cent., largeur 17 cent.

858. Demonstration de l'assemblee publique des Estats tenuz en la ville et chasteau de Blois, soubs le perfide Henry de Vallois. Et comme, ayant communié auec Messeigneurs de Guise, il les fait massacrer à coups de poignards (1588). *A Paris, par Nic. le Roy*. In-fol. obl.

Pièce rarissime, grav. sur bois, à 3 compartiments.

859. Wunderbarlich Mirackel bey der State Remis in Schampania. (Miracle arrivé à Reims le 22 mai 1589 au sujet d'une jeune fille condamnée innocemment et pendue.) Gravure en bois color., à 4 comp., entourée d'un texte en allemand imprimé en caract. mobiles. Gr. in-fol.

860. Corona domini N. J. C. e stationibus urbis Romæ. (Les indulgences de la ville de Rome. I). Seb. Fabrian mon. camald. inventor. A. Brambilla sculps. Romæ, 1589. Eau-forte avec texte gravé, en italien. Tr.-gr. in-fol.

861. Chorographie ou description exacte des plus remarquables lieux, tant villes, bourgades que villages ès environs de la cité de Genève, auec un brief discours des choses memorables auenues en la guerre entre le duc de Savoye et icelle Cité, depuis 1589 jusques au commencement de l'an 1591. Vue à vol d'oiseau gravée à l'eau-forte en 1591 par Brunant. Avec texte en franç. en partie impr. en car. mobiles et partie gravé. Gr. in-fol. obl.

862. Tableau présentant le petit fort d'Arve et le pays circonvoysin, avec une description des 5 escarmouches entre l'armée du duc de Savoye et les troupes de Genève. Juin et juillet 1589. — Rencontre entre l'armée du duc de Savoye

et celle de Berne et de Genève, au pays de Faucigny, 26 juillet 1859. — Deux eaux-fortes gravées par M. Brunant en 1590. L'explication des lettres qui se trouvent gravées sur ces deux planches manque. Gr. in-fol. obl. On a ajouté une troisième planche, gravée par le même en 1590. Le fort de Versay prins par les comp. de Genève le 8 nov. 1589.

863. Procession de la Ligue. En haut : Amburbica armata acrocolarum agminis pompa Lutetiæ 1593. In eid. febr. exhibita Dr. Rose collegii Sorbonici præfecto, etc. Au milieu, un poëme de 15 lignes à 5 col., également gravé, commence : Regina multis teera (*sic*) seclis Gallia. Petrus Kærius excud. 4 planches gravées à l'eau-forte, dont 2 ont une hauteur de 42 cent. sur une largeur de 37, et 2 une hauteur de 11 cent. sur une largeur de 37.

Pièces rarissimes. Très-belles épreuves.

864. Procession de la Ligue (1593). Très-longue eau-forte composée de 2 feuilles. P. van der Kæren fec. Avec un texte en français à 4 colonnes. *A Amsterdam, chez Pierre de Keere*, 1610. Hauteur 29 cent, largeur 73 cent.

865. Procession de la fameuse Ligue contre Henri IV, en 1593, avec texte gravé en français. Gr. in-fol. obl. — Procession de la Ligue. Breughel de velours pinx. I. Petit sculps. 1788. In-4 obl.

866. Henry IV blessé par Chastel, 19 décembre 1594. Eau-forte à 4 compart., avec un texte gravé en allemand. P. Uffenbach fec. In-fol. obl. — Portrait de la pyramide dressée devant la porte du Pallais (par suite de l'attentat de Chastel contre Henri IV). Eau-forte avec un texte en allem. imprimé en car. mobiles. In-fol.

867. Arrest de la cour, ensemble les vers et discours latins escrits sur marbre noir en lettres d'or ès quatre faces de la base de la pyramide dressée devant la grande porte du Palais à Paris. Prononcé... audit Jean Chastel exécuté le 29 déc. 1594. Gr. in-fol. obl.

La pyramide, gravée en taille-douce, est accompagnée à droite et à gauche d'un texte en français et latin imprimé en caract. mobiles.

868. Prise de Corbeil par Farnese, en 1590. Eau-forte, par Rom. de Hooghe. Épreuve avant toute lettre. Gr. in-fol. obl.

869. Bataille de Dreux, 1590. Ordre de bataille et commencement du combat. Eau-forte avec texte gravé en allem. Gr. in-fol. obl. — Prise de Lagny par Farnese, 1590. R. de Hooge fec. In-fol. obl.

870. Bataille de Meulan, 1590. — Bataille de Dreux, 1590. — Réception des troupes et des princes allemands par Henry IV, 1591. 3 planches. — Conversion de Henry IV, 1593. P. Uffenbach fec. — Quatre eaux-fortes avec texte gravé en allem. In-fol. obl.

871. Amiens, Haubstatt in Picardia. A. Mair. (Prise d'Amiens par les Espagnols.) — Amiens assediata et resa ai Re di Francia l'anno 1597. Franco f. 2 eaux-fortes, in-4 obl. — Camp de l'armée belge et alliée près de Dourlens, 1595. La moitié droite d'une grande en belle eau-forte (composée de 2 planches). Gr. in-fol.

872. Alsace. Strasbourg. Bataille entre les Lorrains et les Strasbourgeois, 1592. Deux eaux-fortes différ. par Uffenbach. In-fol. obl. — Schlacht von Molsheim, 1592. Eau-forte. In-fol. obl. — In Elsas jetzt erschalt das Horn. — Zu stillen aller Pfaffen Zorn. (Au fond la bataille de Wiesloch, 1632.) Eau forte avec texte gravé, en vers allemands. — Le même sujet, eau-forte avec texte en car. mobiles. In-fol. obl. — Cathédrale de Strasbourg. Gravure en bois avec un texte en vers allemands. Tr.-gr. in-fol. — L'horloge, par Dasypodius et Wolckenstein, exécutée par Isaac Habrecht. Tobias Stimmer pinx. Isaac Brunn sculps. 1619. Eau-forte avec texte en vers allemands gravé. Très-gr. in-fol.

873. Prise de la ville d'Ardres en 1596. Eau-forte par P. Uffenbach. In-fol. obl. — Siége d'Ardres, 1596. Retraite des Français. Eau-forte, dedié par Dom. Custodis à Ant. Fugger. In-fol. obl. (*Épreuve avant la lettre.*)

874. La flotte espagnole devant Calais et carte de la Flandre et de la Picardie, publ. par L. Hulsius. J. Sibmacher fecit, 1596. In-fol. obl. — Prise de Caudebec par Farnese. — Retraite de Farnese par Rouen. 2 pl. grav. par R. de Hooghe. In-fol. obl. Représ. de la machine infernale avec laquelle la flotte anglo-hollandaise voulait détruire la ville de Dieppe (vers 1670). Eau-forte avec un texte en allem. In-fol.

875. Entreprise manquée des Français sur Arras, le 27 mars 1597. Avec texte gravé en hollandais et en français. Adr. de S. Huberto exc. (1597). In-fol. obl. — Représ. de la croix miraculeuse plante sur le rempart d'Arras, par le père Duplessis, jésuite, en 1738. Eau-forte, in-fol., par L. Cars.

876. Vero disegno dell ordine tenuto da nostro Clemente VIII Pontefice massimo nel felicissimo ingresse di S. S. nella nobilissima citta di Ferrara l'anno M.D.XCVIII. 12 eaux-fortes. D. Rascicotti formis. In-fol. obl., avec texte gravé en italien.

877. Colonne dressée à Rome en la place S. Antoine au nom et à la mémoire de Henry IIII, Roy de France et de Navarre. (Aux deux côtés de la colonne les portraits de Henri IV et de Clément VIII en médaillon.) Phil. Thomassinus Trecens. Romæ excusum dat, donat et seipsum dicat, 1595. Math. Greuter Lugduni f. Avec texte gravé. Gr. in-fol.

878. Laliance du Roy de France avec Marie de Medicis princesse de Florence. Henri IV et Marie de Medicis, au fond Jesus-Christ les unissant. 8 lignes de texte gravé. Dieu qui voit d'un œil dous le royaume de France, etc. Belle gravure. Hauteur 33 cent., largeur 24 cent.

Pièce importante et d'une grande rareté.

879. Les Gourmeurs. Satyre contre les troubles de la Ligue (1600). Un paysan tenant dans chaque main une pierre se défend contre un autre. F. Villamena sculps. 1601. Avec un texte gravé en italien. Premier état avant n'importe quelle adresse. Gr. in-fol. obl.

880. La maintenue des Roys contre les assassins endiablez. Le prix d'outrecuidance et los de l'Vnion. (Allégorie aux conspirations contre Henri IV.) Gravure en bois, avec texte en français imprimé en caract. mobiles. Gr. in-fol. — La même pièce, gravée en taille-douce, avec un texte en allemand en car. mobiles. Beschreibung Henrici 3, und des jetzigen Eönigs Henrici IV. Erstlich gedruckt zu Basel. In-fol. obl.

881. Portrait de Ravaillac debout et tenant le couteau qui lui a servi pour l'assassinat de Henri IV ; au fond, des scènes de supplice; en haut à droite en médaillon, les por-

traits de Henri IV, Marie de Médicis et Louis XIII. Christoffel van Sichem inventor et fecit. *C. J. Vischer* exc.

Belle et rare gravure. On a ajouté une pièce en hollandais, imprimée en caractères mobiles et publiée en 1610, au sujet de l'assassinat de Henri IV, 79 lignes en goth. (la moitié d'une feuille volante).

882. Vera relatione del supplitio e morte dell' inhumano e diabolico Francesco Rauallot, seguitta in Pariggi, li 27 maggio, 1610, per la morte datta al Rè di Francia. *In Torino et in Bologna, Il Benacci* (1610). Pet. in-8, 4 ff.

Cette pièce rarissime contient 3 gravures sur bois représentant le supplice de Ravaillac.

883. Sponsus Bourbonius Henricus IV. Gallia desponsata confusa. Adulter ligista. Gravure en taille-douce. In-fol. Très-rare. — Assassinat de Henri IV par Ravaillac, grav. par J. et C. Luyken. Gr. in-fol. obl.

884. Le tombeau du tres-chrestien... Prince Henri le Grand. P. du Bois pinxit. J. v. Haalbeeck sculps. *Paris*, 1610. Gr. in-fol. obl.

885. La statue equestre de Henry le Grand au pont neuf (gravée par L. Gautier), avec un texte français imprimé en caract. mobiles. *A Paris, chez Nicolas de Mathoniere* (1615). 3 feuilles gr. in-fol., formant un seul tableau. Exempl. absolument neuf, en feuilles.

Belle pièce, peut-être unique en pareil état.

886. Bataille de Nieuwport, 20 juillet 1600. D. Langendyck f. D. Sallieth sc. Gr. in-fol. obl. — Allégorie sur la victoire de Nieuwport. J. Saenredam sculps. Gr. in-fol. (*Premier état avant l'adresse de Visscher.*)

887. Ecpytoma classis bis mille octingentarum navium Ductore Mauritio Nassovio in Flandriam appulsæ XXII junii MVI<sup>c</sup> (1600). *H. Vroom inv., C. J. Visscher ex.*, 2 planches très-gr. in-fol. (*Très-rare.*)

888. Prise de Limbourg. J. W. Baur fecit. — Prise de Sluis par le duc de Parme. J. Courtois f. — Combat des 40 chevaliers à Vuchterheide près Bois-le-Duc (1600). Seb. Vranck inven. 3 planches gr. in-fol. obl. (*La dernière, dédiée à Ant. de Grobbendonck, est rare.*)

889. Revocation faicte par Joannette Geste, femme de Nicolas Faibvre, bourgeois de Porrentruy, pour les faulses

injures qu'elle avait proferées contre la Société de Jesus. *Au collége de Porrentruy*, 1600. Impr. en caract. mobiles, gr. in-fol. — Pélégrinage des Jésuites chassés de Bohème et de Hongrie, 1619. Eau-forte, in-fol. obl. — Der Jesuiten Länderfang. Eau-forte. — Der Jesuiten Monarchie, 1632. Eau-forte, avec texte en vers allem. impr. à 2 col. en caract. mobiles. — Combat entre le chabon et le coq, caricature sur la différence entre la France et Rome au sujet des Barbarini, 1647. Eau-forte, avec texte en vers français et allemands impr. en caract. mobiles. Gr. in-fol.

890. Pourtrait au naturel d'Apollonie Schreiere, agée de XXII ans, vivant depuis cinq ans (1601-1606) sans boire ni manger. In-fol.

A gauche, une gravure sur bois représ. la malade sur son lit de mort, avec texte en français; à droite, un cantique et un sonnet *de la pucelle qui ne boit ni mange*, à 2 col.

891. La grande Baleine prise à Beverwigk en Hollande. *Joannes Saenredam inv.*, 1602, *J. Janssonius ex. Amstelodami.* Gr. in-fol. obl.

892. Escalade de Genève. Contrafactur von einer Seiten der Stadt Genf., welche die Savoyer den 22 Déc. 1602 uberstiegen. Eau-forte par D. Custodis, avec un texte en allemand imprimé à 3 col. en caract. mobiles. *Augsburg, C. Mang*, 1603. Gr. in-fol. obl.

On a ajouté une autre planche représ. le même sujet.

893. La Justice et la Paix assises sur un char sont conduites au trône d'Isabelle et d'Albert, 1607. Figure allégorique entourée de 5 portraits en médaillon : archiduc Albert, Spinola, Maurice de Nassau, Henri de Nassau, comte de Becquoi. Eau-forte, Helias vanden Bossche fecit. En bas de la planche, des vers en allemand et latin impr. à 4 col. en caract. mobiles. G in-fol.

894. Pompe funèbre de Charles III, duc de Lorraine, faite à Nancy (1608). Le tout gravé en plusieurs estampes par Frédéric Brentel, sur les dessins de Claude La Ruel. Les 10 grands tables. — Pourtraict du lit. — Pourtraict de la chambre. — Pourtraict de l'effigie. — Pourtraict de l'assiette. — Pourtraict de l'enterrement. — Pourtraict de deux chapelles ardentes. — Pourtraict des armoiries. — Comme le prince Henri II fut convoyé. — (*Ces planches*

*avec le texte imprimé en caract. mobiles.*) — Le grand Convoi de l'enterrement, 48 planches.

895. Le Convoy funèbre de Charles III, duc de Lorraine, 1608. 48 planches contenant chacune plus de 30 figures, et grav. par Brendel. Rouleau de plus de 21 mètres de longueur.

896. Vienna. J. Keller, 1608. Eau-forte représ. une vue de la ville et des arcs de triomphe. — Der türckischen Potschaft Einzug in Vien 21 Oct. 1628. Eau-forte, avec texte gravé en allem. In-fol. obl. — Belagerung von Regensburg, 1634. M. Merian fec. Gr. in-fol. obl.

897. Guerre de succession de Clèves (1609-1610). Relation, das ist, Aygentlicher und aussfürlicher bericht, was sich seythero dess Hertzogen von Gülch ableiben in disen Fürstenthumb... zugetragen. *Augspurg*, 1611. In-fol., cart.

Avec 11 curieuses eaux-fortes par W. P. Zimmermann.

898. Sabbat des sorcières sur le Blocksberg (1621). Pièce curieuse, avec un texte en allemand gravé. In-fol. obl. — Les Argonautes, fête navale sur l'Arno, 3 nov. 1609. Matth. Greuter exc. *Florentia*, 1609. In-fol. obl.

899. Entrée du comte palatin Wolffgang Guillaume à Munich, le 10 novembre 1610 (G. Keller, 1614), et représentation de tout ce qu'on a fait à ses noces. Belle planche à 10 compartim., dans le genre de Hoghenberg. Ensemble 2 pl. in-fol.

900. Expugnacion de Caudebec. R. de Hooghe fec. Gr. in-fol. obl. Avant toute lettre. La légende manuscrite paraît être de la main de R. de H.

901. Electio et coronatio Sereniss. Principis Dn. Matthiæ electi Romani imperatoris ejusque conjugis Annæ. Tabulis æneis adumbrata, carminice a Got. Arthusio descripta (texte gravé). *Francofurti, prostat in officina de Bry* (1612). 14 planches in-fol. obl.

902. Arc triomphal par lequel l'empereur Mathias est entré en 1612. P. Isselburg sculp. Très-grand in-fol. — Entrée de Mathias, 1612. Höpfner f. In-fol. — Investiture de Mathias, 1612. — G. A. Prestel fecit (vers 1750). Très-gr. in-fol. — Entrée de Léopold, 16 août 1658. — Joseph I,

1704. 3 différentes planches in-fol. dont une très-grande. Toutes les 6 planches ont un texte gravé en allemand.

903. 21 août 1614. Promenade militaire. Tir au canon. 2 eaux-fortes avec texte grav. en allem. P. Isselburg fec. In-fol. obl.—Exercice des constables, 22 au 26 juillet 1656. Avec texte gravé. L. Schnitzer sc. — Réunion des troupes de la Franconie, 10 août 1683. Eau-forte composée de 2 planches. J. O. Meyer faciebat. Avec texte en allemand impr. en caract. mobiles. Très-gr. in-fol. — Tir au canon, 1729. — Tir au canon, 1733. 5 planches. — Tir à l'arbalète, 1768. Ces dernières 7 planches avec texte en allem. gravé. In-fol. obl.

904. Pourtraict au naturel d'un Raisin ayant une triple barbe commme de poil. *Strasbourg*, *J. Ab. Heyden*, 1615. — Retraite de Léopold devant Hagueneau, 1622.— Siége de Wissembourg, 1645. — Vers merveilleux à Strasbourg, 1685 (caricature politique). Trois feuilles volantes, eaux-fortes avec texte en allemand imprimé en caract. mobiles.

905. Francfort-s.-M. Portraits de Fettmilch, Gerngross et Schopp, sur une seule planche in-fol. obl. — Leur exécution le 28 fév. 1616, grav. par Kieser. Gr. in-fol. obl. — Plus 3 autres planches in-fol. obl. ayant rapport à Francfort-s.-Mein.

906. History wie Conchine, marquis d'Ancre, den 24 April 1617 zu Paris erschossen. Belle eau-forte à 6 compartim. Avec un texte en allem. à 2 col. impr. en caract. mobiles. Très-gr. in-fol.

907. Warhaffte Newe Zeyttung ausz Franskreich 24 Aprillis 1617. Assassinat du maréchal d'Ancre, gravure en bois à 4 comp. color. Feuille volante avec un texte en allem. *Augspurg*, *G. Kress*, 1617. Gr. in-fol.

908. Tournois à Nancy. Combat à la barrière, par Henry Humbert. *Nancy*, 1617. 10 pl. par J. Callot. (Meaume, 492-500.)

909. Arcus triumphalis Ferdinando II... Vratislaviam felicitas ingredienti delineatio (P. Isselburg fec., 1617). In-fol. max.

910. Siége de Trieste par les Vénitiens. Eau-forte. G. Keller

fec. — Mantova assediata, 1629; presa, 1630. Gr. in-fol. obl. — Prospetto della citta di Mantova, 1731. A. Dal Re fec. Avec texte en caract. mobiles. Gr. in-fol. — Citta di Milano. Plan. A. Dal Re fec. Avec texte gravé. 2 feuilles gr. in-fol.

911. Phasma Dionysiacum Pragense, exhibitum anno 1617, Febr. mense. Ballet dansé à l'honneur de l'Empereur par 12 gentilhommes bohèmes. Eau-forte, avec un texte en allem. imprimé en carac. mobiles. Gr. in-folio.

912. Cortége de l'Empereur Ferdinand II, à sa sortie de la Cathédrale d'Augsbourg jusqu'au palais des Fugger (15 sept. 1619). J. C. Fisch. inv., D. Döringbk, fec.

2 pl. in-fol. obl. grav. sur bois.

913. Einzug, etc. (Entrée à Prague de Frédéric, roi de Bohême, 31 octobre 1619.) E. Kieser fec. (*Belle gravure à 7 compartiments.*)

914. Couronnement de Frédéric V comme roi de Bohême, 1619. Grande et belle eau-forte à 5 comp. G. Keller fec., avec un texte gravé en allemand. Gr. in-fol.

915. Essequie celebrate in Fiorenza dal Ser. Gran Duca per la morte dell' imperator Matthias, 1619. Jacomo Callot fec. In-fol. Exempl. avant l'adresse. (Meaume, n° 597.)

916. Baleine échouée à l'embouchure du Rhône, en 1619. Eau-forte avec texte en allemand imprimé en caractères mobiles. M. Frömmer sc. — La même représentation gravée en bois, également avec texte en allemand. 2 pl. gr. in-fol. obl.

917. Hongrie. Mort de Henri du Val, comte de Dampier. Pressburg, 1620. In-fol. — Siége de Neuheusel. Gr. in-fol. — Escarmouche près de Neuheusel et mort du comte de Boucquoy, 6 juillet, 1621. Gr. in-fol. Eaux-fortes avec texte en allem. impr. en caract. mobiles. — Einholung der Königl. Ungarischen Braut, den 12 Martzii 1631 zu Wien gehalten. Eau-forte, gr. in-fol. obl.

918. Offerta de tributi e censi de paliotti, di seta, vasi d'argento e ceriche si fa in Fiorenza al Ser. Gran Duca di Toscana (Fernando II). Jacob Stella Pictor Lugdunensis, inv. et delineavit, 1621. Gr. in-fol.

Première épreuve.

919. Plan de la ville Sainct Jean d'Angely, avec l'assiette des batteries qui s'y font. *Paris, Melchior Tavernier*, 1621. Eau-forte avec texte en français à 3 col. imprimé en car. mobiles. Tr.-gr. in-fol.

920. Le vray plan typographique de la ville de Sainct Jean d'Angely, ainsi qu'elle estoit lorsqu'elle fut assiégée par le Roy en 1621. Gr. in-fol., avec texte imprimé à 3 colonnes.

921. Monument du prince Guillaume d'Orange. H. de Caiser inventor, P. de Caiser exc., 1622. Très-gr. in-fol.

922. Majestatis Pontificæ Sixti V. dum in capella Sixti sacra peragatur delineatio. A Brambilla fec. Très-gr. in-fol. — Canonisatio SS. Isidori, Theresiæ, Loyalæ, Xaverii et Ph. Neri. Romæ, 1622. P. Guidotti inven. Gr. in-fol. obl. (*Belle pièce*) — Basilica D. Pauli fidelibus solemniter reserata a. Jub. 1700. Fr. Fontana inv. A van Westerhout sc. Très-gr. in-fol. Eaux-fortes avec texte gravé.

923. Churfürstlich Bayrisches Frewden-Fest, das ist Aigentliche Fürbildung in schœnen Kupferstichen, etc. (Représentation des différentes scènes de la comédie *Phèdre couronnée*, de la cavalcade et des feux d'artifice qui ont été exécutés au baptême de Maximilien Emmanuel, fils du prince Ferdinand-Marie, palatin du Rhin, etc.) *München*, 1622. 26 ff. in-fol. C. Amort del. M. Küsell sc.

924. Le Siége de la citadelle de Saint-Martin, dans l'isle de Ré, 1625. J. Callot fec. 6 planches très-gr. in-folio, plus un titre. (Meaume, n° 522.)

925. Siége de Breda, et sortie des Hollandais, 5 juin 1625. — Siège de Bois-le-Duc (1629). — Prise de Wesel, 19 août 1839 (deux pièces différentes). Quatre feuilles volantes, gr. in-folio. Eaux-fortes avec texte en allemand impr. en caract. mobiles.

926. Le Siége de Breda, par Israël Silvestre et J. Callot. *A Paris, chez B. Audran, s. d.* 6 ff. gr. in-fol.

927. Jubilatio triumphi virginis Deiparæ sub Urbano VIII P. Max. Jac. Callot inv. et sculps. in aqua forti et exc. Nanceii (1625). Très-gr. in-fol.

Meaume, 100.

928. De l'Ancienne Union de la France avec la Confédération

helvétique. H. Glaser fecit, 1626. In-fol. Eau-forte avec un texte en vers allemands imprimé en caract. mobiles.

929. Enterrement de Maurice de Nassau (16 septembre 1626). *Francfort*, *Kieser*. In-fol. avec texte en allemand à 2 col.

930. Portraict au vray de la ville de la Rochelle, avec le dessin de l'attaquement commencé le 1er septembre 1627. Eau-forte avec texte en français et holland. imprimé en caract. mobiles. *Amsterdam*, *Visscher*, 1628. Gr. in-fol. — Le même avec autre gravure, avec texte en italien. Gr. in-fol. — Plus 2 autres, dont l'une grav. par *J. von der Heyden à Strasbourg*.

931. Siége de la Rochelle et combat des deux flottes en 1627. Eau-forte par S. della Bella. Gr. in-fol. obl. — Meer-Trache so den 10 Juni (1627) bey Roschella aus dem Meer gestiegen. 2 gravures en bois, dont une avec une inscription en allem., l'autre avant la lettre.

932. Le Siége de la Rochelle, en 1627. J. Callot fec. 6 pl. très-grand in-folio, plus un titre imprimé à part. (Meaume, n° 511.)

933. Louis XIII preneur de la Rochelle. P. Firens excud. Avec un texte gravé composé de 12 vers en français, par de l'Orme. Gr. in-fol.

934. Louis XIII à cheval entre la France et la Victoire. En bas, le plan de la Rochelle. Crisp. de Pas inven. et fecit. In-fol.

935. Clara totius physiologiæ synopsis, Ludovico XIII dd. Fr. Meurisse. *Parisiis*, *Messager*, *s. d.* Eau-forte. Hauteur 66 cent., largeur 43 cent.

936. Verbeldingen vanden triumphanten jaerlycksen ommeganck van Antwerpen. Buttats fecit. Gr. in-fol. — Solennien zu Regensburg, 1627. M. Merian fecit. Grav. en taille-douce. Gr. in-fol.

937. Beschreibung der. Eroberung der spanischen Silber-Flotta, anno 1628. (Prise de la flotte espagnole chargée d'argent, venant de la Nouvelle-Espagne, par le général P. Hayn.) Eau-forte avec un texte en allem. imprimé en

caract. mobiles. *Amsterdam*, *N. J. Fischer*, 1628. Tr.-gr. in-fol.

938. Vero disegno della nobilissima cavalcata in questa citta di Napoli nell' ingresso di ciascheduno vicere, etc. A. Baratta sc. 6 pl. in-fol. obl.

Entrée du duc d'Alcala à Naples, en 1629.

939. La bataille de Veillane (1630). En haut, le portrait de Montmorency. Eau-forte, par J. Callot. Gr. in-fol. obl. (Meaume, 509.)

940. Plan de la ville et citadelle de Cazal assiégée par M. de Spinola, 1630. Eau-forte avec texte gravé. C. J. Visscher excud. — La même ville débloquée par Louis XIII. Eau-forte avec texte en hollandais gravé. 2 planches gr. in-fol.

941. Couronnement, dans la cathédrale de Ratisbonne, d'Eléonore de Mantoue comme impératrice romaine, le 7 nov. 1639. Eau-forte, avec un texte en allem. imprimé à 4 col. en car. mobiles. Gr. in-fol.

942. Bataille navale sur le Slaak, entre les Hollandais et les Espagnols, les 12 et 13 septembre 1631. Gr. in-fol., avec texte en allemand en caract. mobiles.

En haut, une vue de la bataille, avec les portraits de Frédéric-Henri et Jean de Nassau en médaillon; en dessous, une carte des embouchures de l'Escaut.

943. Gustave Adolphe. Prise de Francfort s. O., 1631. — Mayence, 1631. — Rotenburg uf der Tauber, 1631. — Augsbourg, 1632. — Donawerth, 1632, 31 mars. — Donawerth et embouchure du Lech, 5 et 6 avr. 1632. — 6 feuilles volantes gr. in-folio. Eaux-fortes, avec un texte en allemand en caract. mobiles.

944. La Bataglia de Lipsia. 17 sept. 1631. 2 ff. gr. in-folio. — Die Schlacht bei Leipzig, 1631. Eau-forte, avec un texte en caract. mobiles. Très-gr. in-fol. — La Bataille de Breitenfeld, près Leipzig, entre les Suédois et les Impériaux. Eau-forte, avec un texte en allem. en car. mobiles, 1632. Gr. in-folio. — Autre feuille volante sur la même bataille, 1632. Gr. in-fol.

945. Villes et places fortes prises par Gustave-Adolphe en 1631-32. Grande eau-forte, avec un texte en allem. en

car. mobiles. *Nurnberg*, Halbmayer, 1632. Plus deux autres grandes eaux-fortes dans le même genre.

946. Portraits de Gustave-Adolphe et pièces allégoriques conten. des portraits de lui. 5 feuilles volantes grav. en taille-douce, avec texte en allem. en car. mobiles. 1631-32. Englische Wagenburg. Mitternechtige Lewe. Schwedischer Zug, etc.

947. Gustave-Adolphe. Entrée à Nuremberg, 20 mars 1632. — Dto, 21 mars 1632, avec beau portrait. — Camp de Gustave-Adolphe autour de Nuremberg. — 3 feuilles volantes gr. in-fol., avec texte en allem. — Gustavus Videte quam suavis est Dominus. Grande et belle gravure en taille-douce, avec portrait. — Placard en allemand, imprimé d'un seul côté, sauf-conduit pour la ville de Nuremberg. 20 oct. 1631. In-fol. obl.

948. Vera representatio, quo ritu lugubri funus Gustavi Magni, beatiss : gloriosissq. mem : Wolgasto prolatum et Navi transuebendum in Sueciam imposit fuerit. 1633. Belle gravure en taille-douce, avec texte gravé en allemand. Elle représente sur 11 rangs tout le convoi funèbre de Gustave Adolphe. En tête du convoi se trouve le colonel Axel Lilie. Hauteur 36 centim., largeur 51 cent.

949. Entrata in Roma del eccelmo Ambasciatore di Pollonia l'Anno 1633. Al Ser. Lorenzo de Medici Stefano della Bella. *Roma*, *Jac. de Rossi*, 1633. 6 planches in-fol. obl., avec texte gravé.

950. —— La même suite. 6 planches montées 2 à 2 sur papier fort.

951. Wie General Walstein... Assassinat de Walstein à Eger, 1634. Eau-forte à 3 comp., avec texte en allem. gravé. — Le même, gravé en 1634 par Merian, à 4 compart. — 2 planches gr. in-fol. obl.

952. Wahre Abbildung der Jenigen Execution so zu Eger den 25. Februarii Anno 1634 furüber gangen. Buttler, Gordon, Leslie et Geraldin assassinent le maréchal Illo, comte Terzski, baron Kinsky et le capitaine Neuman. Gr. in-fol. obl.

953. Combat des tisserands et teinturiers sur le pont de

l'Arno. Fête populaire. S. della Bella invent. F. Lucini fec., 1634. Gr. in-fol. obl. — Prospettiva della prima e seconda machina de fuochi d'artificio rappres. un arco triomfale con la statua equestre di Ruggiero Normanno, primo Ré delle due Sicilie. Gius. Vasi incise, 1751. 2 pl. gr. in-fol. Eaux-fortes avec texte gravé.

954. Afbeeldinge vande Capelle van onsLievrauw te Runcxputte, etc., in Hasdin. (Grav. à Anvers en 1637 par S. Berendrecht.) In-fol.

Au fond, une vue des ruines de la chapelle; sur le devant de la planche, des pèlerins.

955. Carro d'amore. Figure della festa a cavallo repres. nel teatro del Granduca di Toscana il di 15 luglio 1637. Della Bella del. e f. Gr. in-fol. obl. Nave del Colombo. Fête donnée à l'occasion de Ferdinand IV de Toscane avec Victoire delle Rovere. In-fol. obl.

956. Floracs Gecks-Kap. H. Focken exc. (1637). Gr. in-fol. obl.

Gravure satirique contre le commerce des tulipes de Haarlem, avec texte gravé en 8 colonnes.

957. St-Omer. Levée du siége de 1638 par le duc de Savoie. Gr. in-fol. obl. Eau-forte par S. Della Bella. — Camerich (Cambray) et St-Omar pris par les Français en 1677. Eau-forte, avec un texte en allem. imprimé à 4 col. en car. mobiles. — Plan de Béthune, ville forte du comté d'Artois. *Lille, chez du Plessy*. Gr. in-fol. obl.

958. La France marie Armand de Bourbon, prince de Conti, avec Minerve (1638). Sujet allégorique. G. Huret fecit. Gr. in-fol. obl.

959. Entrée de Marie de Médicis à Amsterdam en sept. 1638. Cavalcade représ. en 6 planches grav. par P. Nolpe. Gr. in-fol. obl.

Suite d'une grande rareté, le titre gravé ne se trouve pas dans notre exemplaire.

960. Pompes funèbres. Sophie de Brandebourg à Nuremberg, 28 mai 1639. Eau-forte, avec texte en allem. impr. en car. mobiles. Lucas S. fecit. Gr. in-fol. obl. — Hettwig, comtesse palatine. Nurnberg, 2 juin 1657. Avec texte gravé. Gr. in-fol. obl. — Georg. Wilhelm, margrave de Brandebourg. Onolzbach, 13 febr. 1727. Très-gr. planche avec texte gravé. A. Fleischmann sc.

961. Siége d'Arras et prise de la ville par les Français, le 12 juin 1640. Eau-forte, avec un texte en allem. imprimé à 3 col. en caract. mobiles. Gr. in-folio. — Siége d'Arras par l'armée française en 1640. Eau-forte par St. della Bella. Epreuve avant la retouche. Gr. in-fol. obl. — Siége de de Dunkerque. Cochin sculps. 1646. Gr. in-fol. obl.

962. A la Royne D. Anna d'Austria, Royne de France. La reine assise sur son trone entourée de vertues. Aux deux côtés de la gravure, des figures emblématiques. 1643. I. Heyden excud. (1643). Eau-forte, avec un texte gravé en français, signé M. Meurisse, de l'ordre des Frères Mineurs.

963. Louis XIV et sa mère, entourés de 4 conseillers au Parlement : N. Boucault, M. Lemaire, G. Piettre et Macé le Boullanger, — et de 4 échevins de Paris : Seb. Cramoisy, J. de Monhers, R. Franchot, G. Baillon (1643). Planche gravée par F. Claude Millan. Gr. in-fol. (*Anc. et belle épreuve.*)

964. Bataille de Rocroy, 1643. Eau-forte, avec texte en hollandais imprimé en car. mobiles. Gr. in-fol.

965. Représentation de la bataille de Rocroy entre le duc d'Enghien pour la France, et Fr. de Melo pour l'Espagne. Eau-forte. S. Saury excud. Avec texte holland. impr. en caract. mobiles. *Amsteldam, Jan van Hilten*, 1643. Hauteur 54 cent., largeur 35 cent.

La même planche que le numéro précédent.

966. Un autre exemplaire de la même feuille volante, également avec texte imprimé en caract. mobiles. Même grandeur.

967. Bataille de Tuttlingen, entre les Français et les Impériaux, 14 novembre 1643. Grande eau-forte avec texte allem. en car. mobiles. — Bataille de Cassel, 1677. P. Le Clerc f. — Prise de Dinant, 1675. M. Bonnart sculps. Deux gravures du plus grand format.

968. La honteuse sortie des Espagnols de Laville (*sic*) de Lens. Eau-forte avec texte gravé. Icy le vaillant Gassion. — Plein d'ardeur et de Passion — Pour le seruice de la France, etc. Haut. 43 cent., larg. 56 cent.

969. Præcipua cruentacq. illius pugnæ inter Elect. Bavari.

et Galliarum regis, anno 1645 d. 3 Augusti, apud Allerheimum commissæ delineatio. Gr. in-fol., avec texte allem. en car. mobiles, 3 colonnes.

970. Décoration de la pièce de théâtre donnée dans l'église des Jésuites de Rome, le 6 avril 1646. In-fol. max., *B. Capitelli* del. *D. Bonavera* sc.

971. Les contens et les mécontens de la guerre (1648). — Le secours de la paix aux nations oppressées par la guerre et la misère. — gravures, Ganière excud. Gr. in-fol. obl.

972. L'Heureux retour de leurs Majestez dans leur bonne ville de Paris, le 18 aoust 1649. Grav. en taille-douce. *Ganière exc.* Haut. 44 cent., larg. 60 cent.

973. Représentation du banquet tenu à Nuremberg le 25 sept. 1649, par Charles-Gustave, comte palatin du Rhin. Avec un texte gravé en allem. On remarque à droite le peintre Sandrart dess. les invités. W. Kilian sc. Pl. in-fol. du plus grand format, composée de 2 feuilles.

974. Fêtes données à l'occasion du congrès de paix tenu à Nuremberg, 1649-1653. Dix feuilles volantes, grav. en taille-douce, en différents formats, en général gr. in-fol., et avec texte en allem. impr. en car. mobiles.

Collection curieuse qui contient des pièces très-rares.

975. Relation was gestalt die Prinzen von Condé, Conty, etc., arrestiert worden. (Représentation de l'arrestation des princes de Condé, de Conti et du duc de Longueville, le 18 janvier 1650.) In-fol. obl.

En haut, une grande vue du château de Vincennes. Travail d'un orfévre augsbourgeois.

976. Espugnazione delle fortificazie della piazza di Piombino fatta dal' armi catol. 1650. Stef. della Bella fec. — Disegno del attacco del forte posto di Longone tenuto da Francesi. (Assaut des Espagnols, 1650.) St. della Bella fec. Deux eaux-fortes avec texte gravé, gr. in-fol.

977. Entrée de l'Empereur Ferdinand III à Ratisbonne, le 12 déc. 1652. Gravure en taille-douce avec un texte en allem. impr. en car. mobiles. *M. Zimmermann zu Augsburg.* Gr. in-fol. obl. — Ratisbona assediata il di 15 di

Maggio, 1634. Eau-forte composée de 2 pl. gr. in-fol. obl.

978. Veue du campement de S. Alt. au faubourg Saint-Victor (1652). A Flamen inven. (*Première épreuve.*) — Vue général du château de Vincennes avec l'entrée de Louis XV, 9 sept. 1715.

Deux belles pièces.

979. Le Jansénisme foudroyé. (Allégorie à la condamnation des jansénistes en 1653.) Eau-forte par A. Flamen, avec texte gravé. Gr. in-fol. obl. (Rob. Dumenil, n° 375.)

Pièce très-rare.

980. Couronnement de Louis XIV. — Réunion dans l'église. — Lit de Justice, 1654. — 3 grav. par J. Le Pautre, avec texte gravé. Très-grand in-fol.

981. Le gare del mangiare e del bere. Giostra ridicola fatta in Mantova il Carnavale dell' anno 1655. *Mantova, Osanna* (1655). In-4.

Avec 7 planches pliées de cavalcades et tournois comiques.

982. Entrée de l'Empereur Léopold à Nuremberg en 1658. Eau-forte composée de 2 pl. et de 2 ff. de texte en allem. imp. en car. mobiles. *Gedruckt zu Nürnberg bei C. Gerhard*. Gr. in-fol. — L'Arc de triomphe érigé en cette occasion. Troschel sc. Très-gr. in-fol.

983. Naissance du Dauphin. Allégorie, avec des vers français gravés : Il ne peut mancquer de couronne. Gr. in-fol. obl. — Alliance de France et d'Espagne. Allégorie. Gr. in-fol. obl. — Isle de la Conférence, 7 nov. 1659. Perelle fec. Gr. in-fol. obl.

984. Entrevue de Louis XIV et de Philippe, roi d'Espagne, dans l'isle des Faisans, 1660. E. Jaurat sc., 1728. — Mariage de Louis XIV et de Marie-Thérèse d'Autriche, 1660. E. Jaurat sc., 1731. — 2 grav. gr. in-fol. obl. (*Belles épreuves.*)

985. L'ordre de la célèbre entrée du Roy et de la Royne dans la ville de Paris le 26 Aoust 1660. L. Boissevin exc. Gr. in-fol. obl.

986. Magnifique et superbe entrée de leurs Majetez dans leur bonne ville de Paris, le 26 Aoust 1660. Eau-forte avec un texte en franç. et allem., 4 col. imp. en car. mobiles. *Franckfurt, bey Abr. Aubry*. Très-gr. in-fol.

Pièce fort rare.

887. Triomphe medallique à la memoire perpetuelle de Charles, marquis et comte de Rostaing, par Henry Chesneau. 1660. Portrait et statue équestre. Le Potre fecit. Planche du plus grand format in-fol.

988. Theatrum pacis hispano-gallicæ Antverpiæ anno 1660 promulgatæ. Arc de triomphe avec des représentations allégoriques. E. Quellinus pinx. R. Collin sculps. G. in-folio.

989. Géant montré en France en 1660, entouré de 4 personnes de taille ordinaire. Gravure en taille-douce avec le monogr. de N. de Larmessin. Cette figure est accompagnée d'un double texte en français, l'un gravé et l'autre impr. en car. mobiles. Gr. in-fol.

990. Renouvellement d'alliance entre Louis XIV et la Confédération Suisse, le 18 nov. 1663. Gravure en taille-douce avec quelques lignes de texte en all. impr. en car. mobiles. En bas de la planche, 4 médaillons représ. l'Entrée des ambassadeurs, les dîners chez le roi et l'archevêque, etc. Très-gr. in-fol.

991. Renouvellement d'alliance entre la France et les Suisses dans l'église de Nostre-Dame de Paris, 18 nov. 1663. Jo. Nolin et Sim. Le Clerc sculps. 1680. Très-gr. in-fol. obl. (*Belle épreuve.*)

992. La marche et le festin des chevaliers du Saint-Esprit, 14 may 1663, à Fontainebleau. Abr. Bosse inv. et fec. — 2 pl. in-fol. obl. (Duplessis, 1208 et 1210.)

993. Hongrie. Siége de Sigeth et Canischa, 1664. 4 ff. volantes, eaux-fortes avec des textes allem. impr. à 2 ou 3 col. en car. mobiles. 4 pièces gr. in-fol.

994. Hongrie. Neu Serin. — Serin-War. — Bataille d'Esseckh, 1664. — Erla, 1687. 4 ff. volantes, eaux-fortes avec texte en allem. Gr. in-fol. — Signe au ciel vu à Pappa en Hongrie, 1664. — Tartare pris par N. de Serin en 1664. 2 eaux-fortes avec texte gravé.

995. Cavalcade pour l'entrée de l'impératrice Marguerite à Vienne, 3 déc. 1665. Eau-forte comp. de 2 pl. avec texte gravé en italien. Gr. in-fol. obl.—Couronnement de Marie-Thérèse à Prague, 1743. Eau-forte à 8 comp., gr. in-fol.

— Entrée du prince de Lichtenstein à Parme, 1760. Will. exc. Aug. Vind. Très-gr. in-fol. — Embarquement pompeux de François I à Donawerth, 3 avr. 1764. Rugendas f. Gr. in-fol. obl. — Entrevue de Pie VI et de Joseph II à Vienne, 22 mars. 1782. Molinaro fec. Très-gr. in-fol. Les 4 dernières planches ont un texte gravé en allem.

996. Canonisation de saint François de Salles dans l'église de Saint-Pierre de Rome, le 29 janvier 1665. S. Vallée sc. Très-gr. in-fol. obl.

Épreuve avant la lettre.

997. Pourtraict au vif de l'homme cornu descouvert au pays du Mayne (1666). Gr. in-fol.

Ce personnage (F. Trouillou) y est représenté debout, couvert de fourrures ; avec texte gravé.

998. Qutriduum inter Belgas et Anglos navale Prælium 1666. En haut, les portraits de Ruyter et Tromp. Nic. Visscher exc. Eau-forte avec texte gravé. — Den Macassaren Oorlogh, 1666. En haut, le portrait de Speelman et du Rajah Palacka. R. de Hooghe fec. Avec un texte en hollandais impr. à 4 col. en car. mobiles.

999. Les Quatre Eléments. Tournois et ballets exécutés en 1666 à Vienne. Burnacini archit. inven. A Frœlich sc., — 9 pl. gr. in-fol. obl. Plus deux autres grandes eaux-fortes composées chacune de 2 pl., représ. les tournois et les ballets exécutés dans la grande cour du château impérial. Avec texte gravé, en italien et allem.

1000. La proclamation de la constitution danoise sur le Holm, devant l'église de la Trinité. Wolfgang Haimbach pinx. 1666. J. M. Preisler sculps. Épreuve de notre siècle. Très-gr. in-fol. obl.

1001. Afbeeldingh van de Stadt en Rivier van Rochester, Chetham, etc., etc., 19 au 3 juin 1667. W. Schellinks p. R. de Hooghe fec. Grande eau-forte à 2 comp. avec texte gravé. Les mêmes représentations, autre eau-forte dans le même genre. N. Visscher excud. Gr. in-fol. obl. Quelques légers défauts.

1002. Vreedehandelingh tot Breda. (Conclusion de la paix à Breda, le 24 août 1667.) Gr. in-fol. R. de Hooghe fec. *N. Visscher* excud.

**Belle planche, à 9 compartiments.**

1003. Siége de Douai, 1667. — Deffaite des Espagnols près le canal de Bruges. — Siége de Tournay. — Le Brun pinx. S. Le Clerc sculps. 1680-81. 3 planches très-gr. in-fol. obl. *Belles épreuves.*

1004. Representation fidelle du grand miracle arrivé dans le Saint-Sacrement, en la paroisse des Ulmes de Saint-Florent, près la ville de Saumur, le 2 du mois de juin 1668. Gr. in-fol. G. Edelinck sculps.

1005. Bataille prodigieuse d'une grande quantité d'oyseaux arrivée en France Comté, proche Dole, vérifie par Nostradamus. In-fol. obl., avec un texte imprimé.

Gravure satirique, sur bois, au sujet de la prise de Dole en 1668.

1006. Marche du Roy Louis XIV, passant sur le Pont Neuf et allant aux Tuileries, 1671. F. van der Meulen pinx. J. van Huchtenberg sculps. 3 planches gr. in-fol.

1007. La grande cour des Gobelins. Fête à l'honneur du peintre Le Brun. S. Le Clerc fec. 1671. — Cérémonie de la prestation de serment du marquis de Dangeau à cause de la grande maîtrise de l'ordre de N.-Dame du Mont Carmel et de St-Lazare, 18 décembre 1695. S. Leclerc fec. 2 pl. gr. in-fol. obl.

1008. Carolus IV dux Lotharingiæ. J. F. Leonart fec. (1671). In-fol. avec texte en caract. mobiles en allemand.

1009. Gedenk-Teykenen der wonderlkye Geschiedenissen voorgevallen in de vereende Nederlanden en 1672. (50 représentations des événements aux Pays-Bas. Entrée du roi de France à Utrecht, Mort des frères de Wit, etc.) P. Soriau fec. *Amsterdam, by Marcus Doornick.* Très-gr. in-fol. obl.

1010. Massacre de J. de Wit et de Cornelius de Wit, 24 juillet 1672. Eau-forte représ. au milieu le gibet et à droite et à gauche les portraits. Avec un texte en allemand. *Nürnberg, J. Sandrart.* Gr. in-folio. — La même représentation, à droite le portrait de Cornelius de Wit, à gauche le gibet. Eau-forte avec texte en allemand imprimé en caract. mobiles, désignant les frères de Wit comme traîtres à leur patrie. Gr. in-fol.

1011. Victorien, etc. (Victoires obtenues par Rabenhaupt à

Groningue et aux environs, en 1672 et 1673.) Gr. in-fol.

Feuille volante, avec gravures par Rom. de Hooghe, et texte hollandais imprimé à 4 colonnes.

1012. Sortie carnevalesque (gravée dans la manière de Lang), pour le mariage de l'empereur Léopold I, en 1673. 20 eaux-fortes, très-gr. in-fol. obl., composées chacune de 2 planches.

1013. Le siége et la prise de la ville de Narde, faite par Mgr d'Orange le 12 sept. 1673. R. de Hooghe fec. Gr. in-fol. obl. — La même. Siége de Muyden, siége de Groningue et 8 autres eaux-fortes représ. les misères de la guerre. 11 planches in-fol. obl.

1014. Oraniens Ehren-Triumph, 1673. Portraits de Guillaume et de Casimir et Maurice de Nassau, d'A. de Ruyter, de Tromp, de Montecuculli, etc. Prise de Bonn. Bataille contre les flottes de France et d'Angleterre. — La prise du Neu-Niederland (New-York), par C. Everts. Rom. de Hooghe fecit. *Amsterdam, chez H. et D. Boom.* Avec un texte allemand en car. mobiles, et en hollandais gravé. Très-gr. in-fol.

Belle et rare pièce.

1015. Bohême. Revue à Eger le 22 août 1673. Prise d'Eger par les Français, 1742. — Bataille près de Prague, 10 novemb. 1620. Eeau-forte à 4 comp. — Escalade de Prague par les Bavarois et les Français, 1741. — Plan de Prague avec vue, 1742. — Bataille de Chottozitz, 1742. — Eaux-fortes avec un texte en allemand. 6 feuilles volantes, gr. in-fol.

1016. Accident arrivé à Ratisbonne, à Carl Bernoju d'Atavan, artificier, danseur de corde et médecin hernier, le 4 janvier 1674. Duel entre Fr. Carafa de Noja et Ant. Aquaviva de Aragona, à Nuremberg, le 15 novembre 1673. — Caroussel à Nuremberg, 24 mai 1714. — Course en traineaux au Duzen-Deich, 1763. — Marche des Drapiers à Wœhrd, 11 janvier 1768. Eaux-fortes, avec texte en allemand. Gr. in-fol.

1017. Wilhelmo Henrico Principi Auriaco ob fugatos hostes et républicam restituam. S. Ger. Lairesse fecit (1674). Eau-forte du plus grand format in-fol.

1018. De Kuyp an Duygen. (Arrestation de Guillaume de Furstenberg, évêque de Metz, le 4 février 1674.) Rom. de Hooghe fec. 1 pl. in-fol. obl. et une feuille de texte imprimé.

1019. Belegh en overgaen der stercke Stadt Grave. (Siége et prise de la ville de Grave, en 1674.) Gr. in-fol. (Par Romeyn de Hooghe.)

1020. Bataille entre Nivelles et Fontaines contre le prince de Condé, 11 et 12 août 1674. 2 feuilles volantes gr. in-fol. Eaux-fortes avec un texte en allemand, plus une gravure représ. le champ de bataille, d'après J. Parrosel. In-fol. obl.

1021. Bataille de Sintzheim, 16 juin 1674. Eau-forte avec un texte en allemand imprimé en caractères mobiles. Gr. in-fol. — Bataille de Sasbach. Mort de Turenne, 1675. Eau-forte avec texte en allem. Gr. in-fol. — Bataille de Sassbach. Mort de Turenne. Belle eau-forte avec un texte en hollandais imprimé à 3 col. en caractères mobiles. *Amsterdam, M. Doornick*, 1675. Très-gr. in-fol.

1022. Inauguration de la nouvelle synagogue d'Amsterdam, le 2 août 1675. Gr. in-fol. Rom. de Hooghe fec.

1023. Die Königlichen Kroenüngen. (Le Couronnement de Charles XI de Suède et de Jean III de Pologne, 1675-76.) Gr. in-fol.

Feuille volante, imprimée à Nurnberg en 1676.

1024. Thèse de Jaques-Nicolas Colbert, le 30 déc. 1677. C. le Brun invent., G. Edelinck sculps., Richer scrips. Hauteur 121 cent , largeur 87 millimètres. Avec un portrait de Louis XIV à cheval. (Robert Dumênil, n° 259.)

1025. Prospect der belagerten stadt Valenchien, 1677. Eau-forte avec un texte en allem. imprimé en caractères mobiles. Grand in-fol. obl. — Prise de Valenciennes, Marguerite de Parme gouvernante. R. de Hooghe fecit. Grand in-fol. obl.

1026. Bataille de Saint-Denis, près de Mons, 14 août 1678. Rom. de Hooghe fec. Gr. in-fol.

1027. Fasciculi admirandorum naturæ accretio, par D. W. Schmuch. *Strasbourg*, 1679. 4 ff. de texte in-4, et 12 pl. représ. des monstres, en ff.

1028. Payé qui tombe. (Les Danseurs à la corde de la cour de France.) Gr. in-fol.

Gravure satirique, par Rom. de Hooghe (?), avec texte imprimé en vers hollandais.

1029. Consult vande Medicynen. (Conseil des médecins à la maladie grave du grand Sultan.) Phil. Bouttats jun. exc. *Antverpiæ*. Gr. in-fol., avec texte grav. en français et en flamand.

1030. Statue de Louis XIV (1680). *Dom Guidi* inv., *N. Dorigny* del. et sculps. In-fol. max.

1031. Luxembourg, ville capitale du duché de Mesme, pris par les Français, le 4 juin 1684. Eau-forte, avec texte gravé. R. de Hooghe fec., N. Visscher exc. Très-gr. in-fol. — Siége de Luxembourg, 1684. Eau-forte, avec un texte en allem. imprimé à 3 col. en caract. mobiles.

1032. Vue de la ville de Montbéliard, et entrée des Français en 1684. In-fol., avec 3 colonnes de texte en allemand.

1033. Belagerung von Wien. 1683. Eau-forte par Rom. de Hooghe. N. Visscher exc. Sans le texte. Gr. in-fol. obl. — La même, moins grande. Eau-forte, également sans le texte. In-fol. obl. — La même. Warhaffter Verlauff mit G. F. Koltschitzky's Kundschafft. Eau-forte, avec un texte en allemand impr. à 3 col. en caract. mobiles. Gr. in-fol.

1034. Jean Sobieski chatissant le grand Turc. Imprimé à Constantinople, chez l'ennemy de tous les Turcs, au Tekely séparé, 1634. Eau-forte dans le genre de R. de Hooghe. In-fol. — Prise de Belgrade, 1688. 3 feuilles volantes, dont 2 avec texte en caract. mobiles. Gr. in-fol. — Der gestürzte turckische Pharao bey Sentha an der Theyss, 1698. Eau-forte, avec texte en caractères mobiles. Gr. in-fol.

1035. Prise d'Ofen (Bude). Eau-forte, avec un texte en allem. impr. à 3 col. en caract. mobiles. Très-gr. in-fol. —Siége de Bude en 1684. I. W. fecit. Avec texte en allem. In-fol. obl. — Fontaine érigée à Nurnberg à cause de la batataille de Sicklos. Erasmus fecit. Gr. in-fol. — Conterfey Michaeli Tekelii. — Exécution de Kara Mustapha, 1683. 2 feuilles volantes, eaux-fortes, avec texte en allem. impr. en caract. mobiles. Gr. in-fol.

1036. Belagerung von Ofen. (Siége et prise de Bude en 1686.) Eau-forte par Rom. de Hooghe, composée de 2 feuilles gr. in-fol., accomp. de 2 autres ff. impr. en caract. mobiles, et contenant un texte en allemand. (*Epreuve avant le nom du graveur.*)

1037. Le Couronnement du prince impérial comme roi de Hongrie, cérémonie qui a eu lieu à Presbourg le 9 déc. 1687. Eau-forte à 6 comp., avec un texte en allem. imprimé en caract. mobiles.

1038. Représentation de la grande feste de S. A. R. madame la princesse d'Orange, célébrée en décembre 1686, dans le salon du bois de La Haye, à l'honneur du jour de la naissance de Mgr le prince d'Orange. Dessinée et gravée à l'eau-forte par D. Marot. 2 planches gr. in-fol. destinées à être collées ensemble.

Très-belle épreuve de cette pièce splendide.

1039. La Vision du maréchal de Sellon en Provence. In-fol.

Gravure satirique sur la statue de Louis XIV (1686), avec texte imprimé en français et en hollandais.

1040. Pompe funèbre du prince Louis de Condé à Paris, 10 mars 1687. 6 planches (y compris le catafalque). J. Berin inv. Dolivar et Le Pautre sculps. Gr. in-fol. (*Deux de ces épreuves sont avant toute lettre.*)

1041. Nuremberg, processions des corporations. Tanneurs, 1687. Hirschmann fec. Eau-forte à 3 comp. Très-gr. in-fol. — Passementiers, 1694. Tr.-gr. in-fol. — Drapiers, 1722. Gr. in-fol. obl. — Menuisiers, 1731. Tr.-gr. in-fol. Eau-forte. — Inspection des épices. Sandrart pinx. (vers 1650). Nussbiegel sc. (en manière noire), 1783. Tr.-gr. in-fol. — Toutes ces planches ont un texte en allemand, ou gravé, ou en car. mobiles.

1042. Départ de S. A. R. pour l'Angleterre, le 11 nov. 1688. Eau-forte par R. de Hooghe avec texte gravé en français et holland. Gr. in-fol. obl.

1043. Herstelling der waere Gods dienst en Grondwetten in G. Britannien. (Représentation des choses les plus curieuses qui se sont passées en Angleterre en 1688, depuis la fuite du roi Jacques jusqu'à son arrivée à Saint-Germain.) Portrait du roi et 11 tableaux, par R. de Hooghe. Gr. in-fol.

— Départ de S. A. R. (Guillaume) pour l'Angleterre, le 11 nov. 1688, et son arrivée, par R. de Hooghe. Gr. in-fol. (*Sans le texte imprimé.*)

1044. Op den Ondergang der Stuwaertlyke Regeringen (1688). Les portraits de Charles Ier, Charles II et Jacques II, gravés en manière noire, et entourés d'un texte en hollandais, imprimé en caract. mobiles et contenant une histoire de la maison de Stuart. Très-gr. in-fol. obl.

1045. Mayence assiégé par les Impériaux, Bavarois et confédérez. *Paris*, *Jollain*, 1688. Gr. in-fol. obl. — Mayence assiégé en 1793. — Bataille de Rheinfels, 1632. — Rheinfels et Saint-Goar assiégés en 1693. — Siége de Bonn, 1689. Ladomin fec. Hamborch. — Plan de Bonn, 1689. *Amsterdam*, *Mortier*. Feuilles volantes, gr. in-fol.

1046. Udienza data da Innocenzo XI al P. G. Tachard e alli tre Mandarini inuiati dal Re de Siam, 23 décembre 1688. Arn. V. Westerhout del., sc. et ex. *Romæ*, 1689. Gr. in-fol. obl.

1047. Prise en possession et entrée de Joseph Clément comme évêque de Freising, 18 au 27 juin 1690. 8 pl. gr. in-fol., grav. par M. Wening.

1048. L'Église de Saint-Pierre au Vatican. Canonisation des saints J. Capistran, L. Giustiniani, etc., proclamée en 1690. J. U. Kraus sc. et exc. 1696. 20 planches qui formeraient collées ensemble un tableau. 140 cent. de hauteur sur 165 cent. de largeur.

Exemplaire en feuilles. De la plus grande rareté.

1049. Bataille navale entre les Anglais (et Hollandais réunis) et les Français à Barfleur, les 29, 30 et 31 mai 1692. Gr. in-fol.

En haut, plan de la bataille, avec les portraits de Russel et de Tourville en médaillon. En bas, texte en allemand à 3 colonnes. Publié à Nurnberg, chez Felsecker.

1050. Plan de Charleroy, 1693. — Plan de Roses. — Ville et chasteau de Namur, 2 planches. — Carte particulière du camp de Coudun, près de Compiègne. 5 planches gravées par Le Pautre. Tr.-gr. in-fol.

1051. Abbildung dess unstersblichen Heydens, Joseph

Krantz, von dessen Wandel, Ursachen, und neuester Eraeugnus, im Norden von Engelland, Vorgeben, und gantzer natur, darbey den Unterschied zwischen ihm und dem unsterblichen Juden gar deutlich bewiesen, 1694. Eau-forte, avec un texte en allemand, imprimé à 2 col. en caract. mobiles. Gr. in-fol.

1052. Les ruines de Bruxelles après le bombardement de 1696. P. Schenck fec. et exc. *Amstelœdami*. 4 pièces en couleur.

1053. La décoration de la Fontaine de vin donnée au peuple par les magistrats de Strasbourg, le 6 fév. 1698, dans la place de l'hostel de cette ville, en reiouissance de la paix conclue entre le Roy, l'Empereur et l'Empire, au château de Riswick, le 30 octobre 1697. J. A. Seupel sculps. In-fol. max.

1054. Sujet allégorique du mariage de M. le duc de Bourgogne avec Mar.-Adelaïde de Savoye, le 7 déc. 1697. Simonneau sculps. Gr. in-fol.

1055. Catafalque du comte Wolfgang, Jules de Hohenlohe Gleichen. J. W. Heckenauer sc. (1698). In-fol. max. (*En haut le portrait du comte.*)

1056. Décoration de l'autel dressé sous le crucifix de l'église de Saint-Gervais pour le service de M. Louis Baucherat, le 11 décembre 1699. Berain inv. J. Mariette sculps. 2 pl. in-fol.

1057. Entrée de Joseph I et de l'impératrice Amélie dans Vienne en Autriche, le 24 février 1699. Eau-forte, avec un texte en allemand imprimé à 4 colonnes en caract. mobiles. Très-gr. in-fol.

1058. Der in ein Schwein verwandelte Polnische Edelmann. Le gentilhomme polonais métamorphosé en cochon, 1701. Eau-forte avec un texte en allemand imprimé en caractères mobiles.

1059. Geseegend jaer van M.DCC.II. Gr. in-fol.

Les monarques de l'Europe autour d'une table, gravure dans le genre de Romain de Hooghe. Le texte imprimé manque.

1060. Augsbourg assiégé en 1703. Trois feuilles volantes,

eaux-fortes avec texte en allemand imprimé en caractères mobiles. Plus 7 autres planches, par G. P. Rugendas, représ. le même siége. En tout 10 planches gr. in-fol.

1061. Séance ordinaire des estats de Languedoc. Dess. et grav. par B. Picard, 1704. Tr.-gr. in-fol.

1062. Vera delineatio Comitiorum Poloniorum in campo prope pagum Wola ad electionem Regis (Stanislai I, 1704). In-fol. obl.

1063. De France tent opgerecht in het Campement van Beyeren. In-fol. max., avec texte en caract. mobiles.

Les princes de l'Europe jouant aux cartes sur une table où sont déposés les insignes de l'Empire. En bas, un coq et un chien se battant pour les dépouilles de l'aigle mort. Gravure dans le genre de P. van den Berghe.

1064. Portalegre sitiada y rendida por el Rey (8 juin 1704). Ph. Palotta inv., Nic. de Fer sc. Gr.-in-fol.

1065. Bataille de Blenheim, en 1705, avec texte impr. en allemand. Gr. in-fol. — Bataille de Hochstädt, 1704. J. C. Marchant fec. — Bataille de Hochstädt (en haut les portraits du prince Eugène et de Marlborough). Grande pl. grav. par Rom. de Hooghe.

1066. Almanach royal, commençant par l'année 1705, où est parfaitement observé le cours du soleil d'injustice, ou théatre de la guerre en Europe. In-fol. br.

Titre, 2 ff. de texte et 7 planches de caricatures sur Louis XIV.

1067. Sur la représentation du passage de Charles III, Roi des Espagnes et des Indes (1706). Gr. in-fol. Rom. de Hooghe fec., texte imprimé en hollandais et français.

1068. Schouwbourg van den Oorlog. Théâtre de la guerre commencée par Charles II et continuée par Charles III, rois d'Espagne. Batailles en Italie, en Flandre, en Allemagne, en Espagne, etc. *P. Schenck excud. Amsterdam*, 1706. 22 planches tirées en bistre. Très-gr. in-fol.

Suite extrêmement rare. Les planches, gravées à compart. et accompagnées d'un texte hollandais et latin gravé, ont été coupées peu de temps après leur publication et ont servi pour des publications en petit format.

1069. Combite que di tres noches seguidas en Paris el exc. Señor Duque de Alva en celebracion del nacimento del

Ser. S. Principe de Asturias, anno 1707. M. Desmaretz del., G. J. B. Scottin sculps. Pl. gr., in-fol.

1070. Lusitanorum Regi et Reginæ applaudens Epithalamium. *Amsterdam*, 1708. In-fol. max.

Gravure par P. van den Berghe, avec texte imprimé. En haut, les portraits en médaillon de Jean V et de Marie-Anne ; en dessous, l'entrée des mariés à Rotterdam.

1071. Der Ausrufer zu Versailles. Caricature sur l'essai de réinstaller Jacques sur le trône d'Ecosse. Eau-forte, avec un texte en allemand gravé. In-folio.

1072. Relation exacte de tout ce qui s'est passé dans la victoire près Saragosse, remportée par le roy Charles III sur l'armée du duc d'Anjou le 20 août 1710. *Amsterdam*, *Allard*, *s. d.* In-fol. max.

Gravure dans le genre de P. van den Berghe, avec texte en caractères mobiles à 4 colonnes en hollandais et en français.

1073. L'hôpital des torys insensés sous la cure d'un médecin des whigs, 1713. (R. de Hooghe fec.) Eau-forte, avec un texte gravé en hollandais et en français. Gr. in-fol. obl.

1074. Chambre du trépas de Louis XIV, roy de France. — Représentation de l'endroit où a été déposé le corps de Louis XIV. — Deux planches in-fol., avec texte gravé. *Paris*, *Maillot*, 1715. Plus la marche des convois, 2 autres planches avec texte gravé.

1075. Les premiers hommages rendus à S. M. Louis XV par S. Eminence Mgr. le cardinal de Noailles, à Versailles, le 1er septembre 1715. Gr. in-fol. obl.

1076. Le roy Louis XV tenant son lit de justice pour la première fois en son Parlement à Paris, le 12 sept. 1715. De Poilly fec. Gr. in-fol. — L'auguste Cérémonie du lit de justice, le 22 février 1723. *A Paris*, *chez A. Maillot*. Très-grand in-fol.

1077. Vorstellung der Persian. Gesandschaft (in Paris, 1715). In-fol. obl. — Epithalame du roy Louis XV, 1725. — Repos de chasse du roy. — 2 eaux-fortes. Godonnesche exc. In-fol. obl. — Colonne à l'honneur des victoires. Eau-forte par Dumont, 1744. In-8.

1078. Delineatione della piazza e fortezza di Belgrado (1717).

Delin. et intagl. da Arn. Van Westerhout, stamp. da Remondini. Très-gr. in-fol.

1079. Louis XIV metant le cordon bleu à Monsieur de Bourgogne. A. Watteau pinx., N. de Larmessin sc. Gr. in-fol. obl.

1080. La peste à Marseille, gravure sur cuivre, avec un texte gravé en allemand. In-fol. obl.

1081. Vues de Marseille pendant la peste de 1720. 4 pl. in-fol. obl., par J. Rigaud. (*Anciennes et belles épreuves.*)

1082. Law, sa banque et ses spéculations. Planches avec texte gravé en français, allemand ou hollandais, et publiées en Hollande, en France ou en Allemagne vers 1720. 40 planches en différ. formats, la plupart in-fol. et g. in-fol. On remarque dans le nombre un jeu de cartes françaises gravées à l'eau-forte.

1083. La sortie de Carneval que Mgr. le Marggrave de Brandebourg-Bayreuth, George-Guillaume, tient à Chretien-Erlang, le 25 févr. 1721. Eau-forte gr. in-fol. obl., avec texte gravé en français et allem. — La même, 1722. Eau-forte sans texte, gr. in-fol. obl. — Banquet offert à St-George-au-Lac par George Wilhelm, marggrave de Brandenbourg, à la noblesse de Franconie, 23 avril 1722. Gr. in-fol. obl. — Sortie de carneval, représ. une noce de paysans, ordonnée par l'Electeur de Bavière à Munich, le 10 janv. 1765. Eau-forte, avec texte gravé en allem. Gr. in-folio.

1084. Wahre Abbildung dess Ertz-Raubers Claudii Cartouche. (Les principaux faits de Cartouche.) Gravure en 10 tableaux, publiée à Augsbourg en 1721, avec texte allemand à 4 col. In-fol.

1085. Le magnifique portail de l'église cathédrale de Reims. — Entrée de Louis XV dans la ville de Reims, 1722. *Chez Demortain.* Gr. in-fol. — Le sacre et couronnement de Louis XV. *Paris, chez Maillot* (1722). Grande gravure, entourée de 8 petites. In-fol. max.

1086. Représentation en sa vraie grandeur de la couronne de pierreries qui a servi au sacre de Louis XV, le 25 octobre 1722. Gr. par Antoinne. Gr. in-fol.

1087. Louis XV déclaré majeur, tenant son lit de justice, 1723. Planche in-fol., avec texte gravé. — Louis XV tenant le sceau en personne, 1757. J. Pasquier f. In-4 obl.

1088. Teatro e proscenio della festa teatrale intitolata Constanza e Frotezza, rappresentata nel reale castello de Praga, 1723. G. Bibiena inv. Birckart, Dietel, Maertin, Lidl et Heckenauer sculps. 6 eaux-fortes, très-grand in-fol. obl.

1089. Miracles de Paris. Cimetière de St-Médard, 1732. Constitution Unigenitus, etc. 16 eaux-fortes, en général avec texte français. In-fol. et in-4.

1090. L'entrée du Nonce à Paris (août 1732). In-fol. obl. (*Au fond une vue de la Bastille.*)

1091. Nuptiæ ceremoniales inter Annam Mag. Brit. Principissam et Gulielmum Principem Arausionensem habitæ in capella regia Sti Jacobi apud Londinum Martis 14° anno 1733. Guil. Kent del., J. Rigaud sculps. In-fol.

1092. Pompe funèbre de Polixène de Hesse-Rhinfels, reine de Sardaigne, en l'église de Notre-Dame de Paris, le 24 mars 1735. De Bonneval inven., N. Cochin sc. Planche du plus grand format in-folio.

1093. Mascarade chinoise faite à Rome le carnaval de l'année 1735 par MM. les Pensionnaires du roy de France, en son Académie des arts. *Pierre* sc. Gr. in-fol. obl.

Pièce très-rare. (Baudicour, 27.)

1094. Der träumende corsische Satyr. Gravure satirique contre la révolte des Corses et le roi Theodor Neuhoff, en 1736, avec un texte imprimé en vers allemands. Grand in-fol.

1095. Overstroomingen, etc. (Inondations du pays de Gueldres en Hollande, 1740-41, à partir de Rotterdam jusqu'à Ryswick.) I. Smit del. Très-gr. in-fol., avec texte impr. en hollandais.

1096. Pompe funèbre d'Elisabeth-Thérèse de Lorraine, reine de Sardaigne, en l'église de Notre-Dame de Paris, le 22 septembre 1741. De Bonneval inv., C. N. Cochin filius del. et sc. In-fol. max.

1097. L'Arbre de Cracovie. (Gravure satirique sur les événements de l'année 1741.) Messager sc. Gr. in-fol.

1098. Ouverture du bal solennel que les puissances de l'Europe ont tenu à la grande salle germanique, 1742. La Prusse et l'Autriche commencent la danse. Eau-forte, avec un texte en français et hollandais imprimé à 2 col. en car. mobiles. Amsterdam by Arend van Huissten, 1742. Très-grand in-fol. — La rareté de Prague. Eau-forte dans le même genre. Amsteldam, Jan t'Lam, 1742. Gr. in-fol.

1099. A Geometrical View of the Grand Procession of the Scald Miserable Masons, design'd as they were Drawn up over against Somerset House, in the Strand, 27 april 1742. A. Benoist inv. 2 planches in-fol. obl.

1100. Zinnebeeldelyk lof taffereel op Holland. (Tableau allégorique à la louange de la Hollande en 1742.) Avec texte imprimé en hollandais. In-fol. max.

1101. Mariage du dauphin, le 23 fév. 1744. — Cérémonie du mariage dans la chapelle de Versailles. — Décoration de la salle de spectacle. — Décoration du bal paré. — Décoration du bal masqué. — N. Cochin, pater et fil. sculps. 4 pl. très-grand in-fol. — Pompe funèbre de Marie-Thérèse d'Espagne, dauphine de France, en l'église de Saint-Denis, le 5 sept. 1746. N. Cochin sc. Très-gr. in-fol.

1102. Victoire de Colle dell' Assietta, 1744. (Giacinto la Pegna pitture Fiammingo fec.) In-fol. max.

1103. Tombeau de P. F. Guyon, né à Rouen, mort à Paris en 1745. Gr. in-fol. obl. — La Tour de David qui est l'église gallicane, ou la Tour de David. Gravé en 1682 dans la manière de Le Pautre. Gr. in-fol. — M. de Vintimille et son mandat, 1732. — La Prière charitable, arbr. avec 7 portr. de jésuites, etc. — 6 planches, en général avec texte gravé.

1104. Francfort-s.-M. Fête populaire pour le couronnement de Charles VII. Place du Rœmer avec le bœuf rôti en entier. Elias Boeck sc. Aug. Vind. Avec texte gravé. In-fol. obl. — La grande salle du comte de Bellisle, 1741. Eberspach sc. Grav. color. In-fol. obl. — Retraite de l'Empereur Léopold II de la cathédrale au Römer, 1790. G. Vogel sc. Nurnberg, 1791. Eau-forte gr. in-fol. obl.

1105. Camp près de Francfort-s.-M. *Nurnberg*, *Riegel*, 1743.

— Couronnement de François I à Francfort-s.-M., 4 oct. 1745. Eau-forte avec un texte en allem. impr. en car. mobiles. *Nurnberg*, *W. Geyer*. Très-gr. in-fol.

1106. Inauguration de François I à Nuremberg, les 8 et 9 févr. 1746. 3 eaux-fortes avec texte gravé en allem. Très-grand in-fol. — Assaut d'escrimeurs, anno 1623. — Et 5 autres feuilles volantes représentant des fêtes à Nuremberg.

1107. Pompe funèbre de Marie-Thérèse d'Espagne, dauphine de France, en l'église de N.-Dame de Paris, 14 nov. 1746, Dess. et gravé par N. Cochin. — Pompe funèbre de Philippe de France, roy d'Espagne, 15 déc. 1746. Dess. et gravé par Cochin. — 2 pl. très-gr. in-fol.

1108. Vue du vaisseau du roy le *Duc de Bourgogne*, lancé à la mer dans le port de Rochefort le 20 octobre 1751. Par Ozanne, dessinateur de la marine à Brest. Gr. in-fol. obl.

1109. Afbrelding der Lykstatie van Zijn Doorl. Hoogh. Willem IV Prinse von Oranje. (Pompe funèbre de Guillaume IV, prince d'Orange et de Nassau, à Delft, 14 févr. 1752.)

40 planches gr. in-fol. obl. gravées par J. Punt, et publiées en 1754. (Complet.)

1110. Fêtes données à l'occasion de l'entrée de Louis XV au Havre. Arrivée du Roi. Illumination de la Grande Rue. Le Roi à Ingouville. Joute des pêcheurs. Le Roy étant sur la place de la rade du Havre. Carenne d'un navire dans le bassin du Havre. Deschamps del., J. P. Le Bas sc. — 6 pl. très-gr. in-fol. obl.

1111. Allégorie. La Mort du duc de Bourgogne. Cochin del., Demarteau sculps. — Allégorie. La Justice fait prendre la plume, etc., par les mêmes. La même gravure, épreuve avant toute lettre. 3 pl. tirées en rouge, in-fol.

1112. La Mort du chevalier d'Assas, 1760. Gravé par J. B. Devisse. Gr. in-fol. obl. — La Bravoure récompensée. Ouradour, 1779. Nilesna sculps. — 2 épreuves dont une avant la lettre, in-fol.

Plus 3 autres estampes dans le même genre.

1113. Représentation de la cérémonie du mariage de S. A.

S. Mgr. le prince de Nassau Weilbourg avec Caroline d'Oranje et Nassau, célébré mercredi le 5 mars 1760 dans l'église cathédrale de La Haye. Haag del., S. Fokke sc. Gr. In-fol. obl.

1114. Vaisseaux présentés au Roy par les provinces de France, le clergé et les autres principaux corps de l'État, en 1761 et 62. N. Ozanne inv., Prevost sc. — Le Patriotisme, allégorie sur les vaisseaux offerts au Roy. F. G. D. inven.

1115. Descrizione della magnifica e vera illuminazione fatta nel teatro olimpico di Vicenza (17 Giugn. 1761). *Vicenza, G. Vendramini Mosca*, 1761. In-4. Avec 2 grandes pl., Dall' Acqua inc., br.

1116. Jésuites. Monument sybolique et historique de la doctrine impie, meurtrière et sacrilége de Don Inigo de Guiposcoa, chef de la société se disant de Jésus. Très-gr. in-fol. — La même représentation. Gr. in-fol. — Arrivée des Jésuites expulsés dans l'État ecclésiastique. Gr. in-fol. obl. — Funebris pompa extincti ordinis Jesuitarum. Convoi satirique. En haut, le portrait de Clément XIV. Di Roma appresso il Gry compost. Très-gr. in-fol. 4 eaux-fortes avec texte gravé.

1117. La Maquerelle punie, avec la vue de l'Hôtel de Ville de Paris et de la place de Grève, 1756. Gravé par L. Burin. In-fol. obl. — Vue de l'illumination de la rue de la Ferronnerie, par les 6 corps des marchands d'occasion, 8 sept. 1745, dess. et grav. par Slodtz, Cochin, Aveline, Bovalt et Baillieul. In-fol. obl. — Le Coq-à-l'asne, ou la chasse au Héros de Kehl. Eau-forte, gr. in-fol.

1118. Paix rendue à l'Europe, 1763. Monnet del. Tilliard sc. Gr. in-fol. — Vœu pour la conservation de l'Académie de Bâle. Ch. A. Mechel sculps. *Parisiis*, 1760. Gr. in-fol. — Statue équestre de Louis le Bien-aimé, 1763. Le Charpentier sc. Gr. in-fol. obl. — Sacre de Louis XVI, 1775. Grav. par Legouf. In-fol.

1119. Beschrijving der Lijkstatie van Maria Louisa, princesse douarière van Orange et Nassau, le 13 mars 1765. 2 ff. de texte impr. en car. mobiles et 21 pl. grav. à l'eau-forte par P. C. La Fargue. Gr. in-fol. obl.

1120. Victoire de Philippe V sur les Marocains. Morellon la Cave sculps., 1734. In-fol. — Prospecto del magnifico tumulo y aparato interior de la Ygl. de Santiago de los Españoles en Roma en las Exequios por Isabel Farnesia, Reyna de España, 26 nov. 1766. Lo gravo el cav. Jos. Vasi. Très-gr. in-fol.

1121. Représentation des fêtes et cérémonies qui ont eu lieu à l'occasion de l'arrivée du prince Guillaume d'Orange et de sa femme Sophie Wilhelmine de Prusse à Amsterdam en 1768. Titre gravé et 14 pl., eaux-fortes par S. Fokke et R. Vinkeles. Gr. in-fol. obl., n. rogn.

On a ajouté une autre planche représ. la loge princière au théâtre d'Amsterdam le 1er juin 1768.

1122. Beschreibung der Feyerlichkeiten. (Description des cérémonies et fêtes données à Fribourg, en Brisgovie, lors du passage de la Dauphine Marie-Antoinette). *S. l.*, 1770. In-fol., 3 pl. pliées, par P. Mayr, cart.

1123. Solennités qui se sont passées à Stockholm, dans les années 1771, 1772, consistant en des Décorations, processions, etc., tant à l'Enterrement du roi Adolphe-Frédéric à l'église de Riddarholmen, qu'au sacre du Roi Gustave III, par P. Floding. *Stockolm*, 1772. Gr. in-fol., br.

1124. Marie-Antoinette, Louis XVI. Exemple d'humanité donné par la Dauphine le 16 octobre 1773. Gravé par Godefroy. In-4. — Le même sujet. Grav. par Bergmuller. — L'Arrêt du destin. Vossinik sc. — Les Garanties de la félicité publique, Antoinette et Louis. Les vœux du peuple. Grav. par Née et Masquillier, 1774, 1776. — Le Sacre de Louis XVI. — 5 pl. in-fol.

1125. Représentation de l'incendie du théâtre de la Comédie à Amsterdam, 11 mai 1774. Barbiers del., C. Bogerts sculps. — 4 pl. in-fol. obl.

1126. La magnifique sortie en traîneaux faite à l'occasion de la seconde fête séculaire de l'université de Leyde, le 9 août 1775. 12 eaux-fortes gr. in-fol. obl.

Suite rare gravée par S. Fokke. Épreuves avant la lettre.

1127. Mausolée du maréchal de Saxe, inventé et exécuté en marbre par J. B. Pigalle et érigé dans le temple de Saint-Thomas à Strasbourg en 1776. Grav. par Chr. de Mechel. Gr. in-fol., avec un feuillet de texte imp. en caract. mobiles.

1128. Renouvellement de l'alliance de la Suisse avec la France, le 25 août 1777. Entrée du marquis de Vergennes dans l'église de Soleure, et ratification du traité. Dess. à Soleure par L. Midart. Ch. de Mechel sculps. 2 grav. très-gr. in-fol.

1129. La Reine annonçant à M. de Bellegarde des juges, et la liberté de son mari, en mai 1777. *Desfossés* p., *A. J. Duclos* sc. In-fol. obl.

1130. Combat entre la frégate française la Surveillante, commandée par le Sr de Couedic, et la frégate la Québec, cap. Farmer, le 6 oct. 1779. Gr. in-fol. obl. — Le même combat, gravé par B. F. Leizel. Gr. in-fol. obl. — Combat de la Belle Poule, attaquée par la frégate anglaise l'Aréthuse, le 17 juin 1778. Grav. par Leizel. Gr. in-fol. obl.

1131. Obélisque élevé à la gloire de Louis XVI, sur la place du port de Vendres, en 1780, d'après les dessins du sieur de Wailly. Très-grand in-fol.

1132. Bienfaisance du Roy. J. S. Le Barbier le jeune inv., J. C. Levasseur sculps. Gr. in-fol.

1133. The Death of major Pierson and the defeat of the french troops in the Market Place of Saint-Heliers in the Island of Jersey 6 Jan. 1781. J. S. Copley p., A. Kessler sc. Très-gr. in-fol. obl.

1134. Grénadier Joseph Arné, grav. par Mixelle. — Le même, imprimé en couleurs. — La Princesse Noire, corsaire français, 1781. (Impr. en couleurs.) — Événement de la guerre en Amérique, 1783. 2 planches. — 3 pl. in-fol. — Mort du chev. d'Assas. Simonnet sculps. 1781. In-4.

1135. Combat mémorable donné le 22 septembre 1779 entre le capitaine Pearson, commandant le Serapis, et Paul Jones, commandant le Bon-Homme Richard. Lerquinière et Fittler del., J. Boydell exc. 1781. Gr. in-fol. obl.

1136. Le grand Souper donné à Turin à l'occasion du mariage du prince Ant. Clem. de Saxe avec Caroline de Savoie, en 1781. Gr. in-fol. obl. C. G. Geyser sc.

Épreuve avant la lettre.

1137. **Dessin du spectacle donné au grand-duc et à la grande-**

duchesse de Russie, dans le très-noble theatre à Saint-Benoit, le 22 janvier 1782. J. B. Canal del. quoad figuras, Ant. Baratti sculps. *Venetiis*. Gr. in-fol. obl.

1137 *bis*. La Clémence de Joseph II. *Pfeiffer* del. *Sallieth* sc. 1783. *Rotterdam*. Gr. in-fol.

1138. Regatta alla Maesta di Gustavo III, Re di Suezia, li 8 Maggio 1784. *Venetia, Alessandri et Scattaglia*. 12 pl. color. Gr. in-fol.

Suite complète et très-rare.

1139. The Prison of his Royal Highness the Princess of Orange at Gowerwellssluis (1787). Gr in-fol.

1140. Catherine II voyageant dans ses États en 1787. Peint par Ferd. de Meys, gravé par Avril, à Paris, 1790. (*Avec souscription en français et en russe.*)

1141. Political tragicomedy in Holland. — *a*) L'essai, les Hollandais tirent à la cible qui représente un hussard prussien. — *b*) Le Prussien paraît en nature et les Hollandais se sauvent. — *c*) Un gentilhomme français offre à un gros Hollandais une bourse vide, etc. 4 caricatures gravées en Angleterre vers 1787. Gr. in-fol. obl.

1142. Monument pour Paris. 1789. Portraits de Louis XVI et de Necker, Retour de Necker, Prise de la Bastille, etc. Koning et L. v. Beck sculps., 1790. Gr. in-fol. obl. — Allégorie du compte rendu au Roi par M. Necker en 1781. In-4. — L'Œil du génie, ou les armes de M. Necker. In-fol., impr. en bistre.—Allégorie pour servir de frontispice au compte rendu au Roi par M. Necker. G.... sculps. In-fol.

1143. Caricatures du commencement de la Révolution française, gravées à l'eau-forte et color. 15 pl. in-fol.

1144. Caricatures du commencement de la Révolution française, gravées à l'eau-forte et color. 12 pl. in-fol.

1145. Caricatures du commencement de la Révolution française, gravées à l'eau-forte et color. 19 pl. in-fol. obl.

1146. Caricatures du commencement de la Révolution française, gravées à l'eau-forte et color. 15 pl. in-fol. obl.

1147. Caricatures. Acte de justice, 9 et 10 thermidor. Viller pinx. — La Contre-révolution. — Défaite des contre-révolutionnaires commandés par le petit Condé. 3 eaux-fortes gr. in-fol. obl. — La Savonette à vilain. — Mercure, symbole du commerce. — Morbleu, sauve qui peut. 3 pl. in-fol.

1148. Caricatures. Nouveau pacte de Louis XVI, estampe en couleurs, 1792, plus 11 autres caricatures politiques coloriées de la même époque. In-fol.

1149. Caricatures. Fête célébrée à Notre-Dame. — La deffaite des contre-révolutionnaires. — Traité de paix avec Rome. — Le jeu de Pharaon politique. — La rétirade des français. Eaux-fortes avec texte gravé. 6 pl. gr. in-fol. obl., et d'autres pièces.

1150. La Liberté armée du sceptre de la Raison foudroye l'Ignorance et le Fanatisme. Dess. par Boizot et grav. par Chapuy. — La Liberté soutenue par la Raison protége l'Innocence. Dessiné par Boizot et grav. par Bernier. 2 pl. grav. en manière noire. Gr. in-fol. obl.

1151. Allégories sur la Révolution française. 17 planches in-fol. et gr. in-fol., gravées en différentes manières, par Gautier, Noel, Joubert, Will, Darcis, Janinet, Laurent Julien, Picquenot, Duplessis, Allard et autres.

1152. Caricatures du commencement de la Révolution française. 22 eaux-fortes in-8, in-fol. et gr. in-fol.

1153. Vive le Roy. Récit d'un invalide chez des fermiers de la haute Normandie, en leur montrant le portrait du Roi, le 17 juillet, peint par Debucourt, grav. p. Aug. Le Grand. Gr. in-fol. obl. — Les trois ordres réunis par la Concorde, le 26 juin 1789. *Paris*, Crépy. In-fol. obl. (Tiré en bistre.) — Consilium medicum tenu à cause du corps français malade. J. M. Will. A. V. — Constitution françoise. Prudhon inven., Copia sculps. Gr. in-fol. obl. — Assemblée nationale, 1789. 2 pl. in-4, par Vinckeles.

1154. Vue de la procession des états-généraux, à Versailles, le 4 mai 1789. *Paris*, *chez Basset*. Gr. in-fol. obl. — La même, dess. par Bulthuis et grav. p. Vinkeles. In-4 obl. — Première émeute au faubourg Saint-Antoine, le 28 avril 1789. Vény del., Otto sc. In fol. obl.

1155. Ouverture des États-Généraux à Versailles, le 5 mai 1789. Dess. par Monnet, grav. par Helman. Gr. in-fol. obl. — La même. *Paris*, *Pallas*. Gr. in-fol. — La même. R. A. Zatta sc. Gr. in-fol. — La même. Otto fec. In-fol. — La même. Vinckeles et Vrydag sculps. (Deux états différents.) In-fol. obl.

1156. Assemblée nationale constituée à Versailles le 17 juin 1789. Dess. par Borel, gravé par Ponce. — Le même dess. et grav. par Moreau. — Serment du Jeu de paume, 19 juin 1789. Dess. par Monnet, grav. par Kelman. — Assemblée nationale, abandon de tous les priviléges, à Versailles, la nuit du 4 au 5 août 1789. Dess. par Monnet, grav. par Helman. 4 planches gr. in-fol. obl.

1157. Serment au Jeu de paume de Versailles, 20 juin 1789, grav. par Vinkeles. 3 épreuves différ. dont une avant la lettre. — La promenade des poissonnières à Versailles et le retour du Roy à Paris. 3 grav. par Vinkeles, dont une avant la lettre. — Besanval conduit à Brie-Comte-Robert, le 10 aoust 1789. Prieur del., Berthault sc. — Don patriotique à Versailles. — Le Banquet des gardes du corps, 1er oct. 1789. Laminit sc. 8 planches in-4 obl.

1158. Jardin de la Bastille. — Première attaque de la Bastille, 1789. Guyot sculps. — Prise de la Bastille. Janinet f. 3 planches imprimées en couleur. — Prise de la Bastille, grav. par Vinkeles et Vrydag. — La même gravure, avant toute lettre. — Attaque de la Bastille. In-4 obl.

1159. Prise de la Bastille, le 14 juillet 1789. Huit planches gravées en Hollande et en Allemagne, dont 6 du format in-fol. obl., et 2 in-8. Plus la prise de la Bastille, dessinée par Monnet et gravée par Helman. Gr. in-fol. obl.

1160. La journée mémorable du 15 juillet 1789. Place de l'Hôtel de Ville. Le peuple portant les têtes de M. de Launay et de Flesselles. In-fol. obl. (Tirée en bistre.) — La même scène grav. par Vinkeles et Frydag. 2 épreuves dont une avant la lettre. — La même scène, 2 pl. pet. in-8, dont une avant la lettre. — Promenade des prisonniers délivrés à la prise de la Bastille. On traîne des canons sur les hauteurs de Montmartre, 15 juillet 1789. 2 grav. par Vinkeles. In-4 obl.

1161. La journée à jamais memorable aux François où

Louis XVI, restaurateur de la liberté françoise, se rendit à l'Hôtel de Ville le 17 juillet 1789. *Paris, chez Crépy*. Gr. in-fol. obl. (Tirée en bistre.) — Le pillage de l'hôtel de ville de Strasbourg, le 22 juillet 1789. Chez Devere, graveur à Strasbourg. Gr. in-fol. obl.

1162. Les travaux du Champ de Mars, 1790. Grav. par Girardet. — Vue du Champ de Mars, 14 juillet 1790. Grav. par Vinkeles. — La même, avant toute lettre. 3 pl. in-4. — La même. G. le j. sc. In-fol. obl. — La même. Meunier del., F. Janinet sculps. Gr. in-fol. obl. Planche impr. en couleurs.

1163. Fédération générale des Français au Champ de Mars, 14 juillet 1790. Dess. par Monnet et gravé par Helman. In-fol. obl. — Plus 4 autres gravures conc. la même fête, par G., G. le j. et Vinkeles. In-4 obl.

1164. Confédération des départemens du Nord, de la Somme et du Pas-de-Calais, faite à Lille 14 juillet 1790. Peint par L. Watteau, gravé par Helman. Gr. in-fol. obl.

1165. Inauguration du buste de Charles Linnæus par les naturalistes ses confrères au Jardin des Plantes, ce 23 août 1790, sous le cèdre du Liban, planté par lui-même l'an 1646 (*sic*). In-fol. Planche imprimée en couleurs.

1166. Le jeune Désilles à l'affaire de Nancy, le 31 aoust 1790, dessiné par L. Barbier l'aîné, gravé par Laurent. Très-gr. in-fol. obl.

1167. Instruction des recrues des Insurgens à Bruxelles à la place d'Armes, dans la nuit des 23-24 oct. 1790. — Van der Noot, le chef des Insurgens des Pays-bas, s'enfuit avec sa maîtresse Mme Pinault, 1790, 2 déc. J. M. Will. sc. A. Vind. 2 caricatures grav. à l'eau-forte, gr. in-fol. obl.

1168. Les amis de la constitution aux manes de Mirabeau, mort le 2 avril 1791. Eau-forte par Lélu, peintre de l'académie de Marseille. Très-gr. in-fol. obl. — Funérailles de Mirabeau. Dess. par Bulthuin, grav. par Vinkeles et Vrydag. 2 épreuves dont une avant la lettre. In-4 obl.

1169. Les premiers jours de May à Paris en 1791. G. et Meunier fecer. In-fol. obl. — Le Champ de Mars le 17 juillet 1791. — Proclamation au marché des Innocents le 14 oct. 1791. 3 pl. par Vinkeles, dont une avant la lettre. In-fol. obl. — Le Joujou de Normandie. L. v. Beck sculps., 1791. — Les émigrés à Coblence, 1791. Dalbon sc. 2 pl. in-4 obl.

1170. Fuite de Louis XVI et son arrestation à Varennes le 22 juillet 1791, et son retour à Paris le 25 juillet. — 4 pl. grav. par Vinkeles et Frydag (dont une avant la lettre), in-4 obl., et une eau-forte à 2 compart., grav. par Will, à Augsbourg. Gr. in-fol. obl.

1171. Louis XVI à l'Assemblée nationale accepte solennellement la constitution le 14 sept. 1791. Dess. par Le Jeune, grav. par David. Gr. in-fol. — Le même sujet in-8.

1172. Les délassemens du père Gerard, ou la Poule de Henri IV, mise en pot en 1792. Jeu national. *Strasbourg, chez Treuttel. Paris, chez Onfroy.* 1792. Gr. in-fol. obl. Grav. en bois, avec texte impr. en car. mobiles.

1173. Carte des environs de Paris, 1792. Gr. in-fol. — Prise de Longwy. — Retraite des alliés de la Champagne, 1792. — Attaque de Spire. — Prise de Gemappes. 4 pl. in-fol. obl. — Première vue de la bataille de Jemappes. Dess. par Boizot, grav. par Bertaux. Gr. in-fol. obl.

1174. Journée du 10 août 1792. Dess. par Monnet, gravé par Helman. Gr. in-fol. obl. — The thent of August 1792. J. Zoffany pinx., R. Earlom sc. Belle planche grav. en manière noire. Très-gr. in-fol. obl. — Pompe funèbre en l'honneur des martyrs du 10 août, dans le jardin National, le 26 août 1792. Dessiné par Monnet, gravé par Helman. Gr. in-fol. obl.

1175. Massacres des mois d'août et sept. 1792. — Arrestation de Louis XVI et de sa famille, etc. 12 planches in-fol. et in-4 obl., par Vinkeles, Vrydag, Will et autres.

1176. The separation of Lewis XVI from his family the 29 of september 1792. Painted by Benazeck, engraved by Schiavonetti. Gr. in-fol. obl. — La même, copie par Vinkeles et Frydag. In-fol. obl.

1177. Adieux de Louis XVI à sa famille. 6 planches in-4 et une in-8. — Pièces allégoriques sur Louis XIV, dont une imprimée en couleurs. 4 pl. in-8.

1178. The memorable adress of Lewis the XVI at the bar of the national Convention, 26 déc. 1792. Painted by W. Miller, engraved by Schiavonetti. Avec explication en anglais et français. 2 feuilles gr. in-fol. Le même sujet grav. par Vinkeles et Frydag. In-fol. obl.

1179. Louis XVI montant à l'échafaud, 21 janvier 1793. Painted by Benazech, engraved by Schiavonetti. Belle pl. gr. in-fol. — La Mort de Louis Capet. Des. par Monnet, grav. par Helman. Gr. in-fol. obl. — La même. Dess. par Fions, grav. par Sacrifu. In-4. — Le fils de Louis XVI apperçoit la guillotine. Joubart sc. In-fol. obl. — The Royal martyr. Eau-forte, in-fol.

1180. Exécution de Louis XVI, 21 janvier 1793. Treize pièces en différents formats, gravées en Allemagne, en Angleterre et en Hollande. (*Collection des plus curieuses.*)

1181. Apothéose de Louis XVI. L'Heureuse Réunion. Painted by Pellegrini, engraved by L. Schiavonetti. Très-grand in-fol. — Fils de S. Louis, monte au ciel. Testament. In-fol. — Fils de S. Louis, montez au ciel. J. Condé sculps. In-8.

1182. Silhouettes cachées de Louis XVI et de Marie-Antoinette. 4 planches.

1183. Arrestation du duc d'Orléans, 6 avril 1793. James Prand sc. — Son exécution, 7 nov. 1793. — Exécution de Ph. Custine, 28 août 1793. — Dumouriez arrête Beurnonville. Engraved by James Prand. — 4 planches gr. in-fol.

1184. Le 31 mai 1793. Gravé par F. Tassaert d'après le dessin de J. Harriet. Gr. in-fol. obl. — La Fontaine de la régénération. Dess. par Monnet, grav. par Helman. Gr. in-fol. obl. — Fusillades de Lyon, commandées par Collot d'Herbois. Duplessis-Bertaux inven., Choffard sculps. In-fol. obl.

1185. Charlotte Corday tue Marat, le 13 juillet 1793. Engraved by James Aliprandi. — Assassinat de J. P. Marat. Brion pinx., 1793.— Charlotte Corday monte à l'échafaud. Engraved by James Idnarpila (Aliprandi.) — Charlotte Corday tue Marat. Feuille volante avec texte en vers allemands impr. en car. mobiles. — Charlotte Corday. Pièce allégorique (avant la lettre). — Tombeau de Marat. Dess. par Pillement, grav. par Nee. 6 planches gr. in-fol.

1186. Vue de l'assaut du chemin couvert de Valenciennes, la nuit du 25 au 26 juillet 1793. Dess. par Petrich, grav. par Charles Schütz. Très-gr. in-fol. — Description de la gravure du siége de Valenciennes. Gr. in-fol. obl. — Kriegs-schauplatz an der Sambre. Carte avec 8 portr. In-fol. obl. Les Formes acerbes, gravure allégorique représ. un monstre sous la forme humaine posté entre les guillotines d'Arras et de Cambray. Gr. in-fol. obl.

1187. Introduction des Anglais dans le port de Toulon, le 28 août 1793. A. Ferand pinx., Calendi e Lupi sculps., Rafaello Morghen direx. Très-grand in-folio.

1188. Sortie de Marie-Antoinette de la Conciergerie. Cuylenburg del., H. Jonxis sculps.—La reine Marie-Antoinette conduite dans un tombereau, le 16 oct. 1793. Gravé par J. Silanio. 2 planches gr. in-fol. obl.

1189. Marie-Antoinette massacred, oct. 16. 1793. Portr., avec texte imprimé en car. mobiles. *London, W. Lane.* — Adieux de Louis XVI à sa famille. Painted by Benazech, engraved by Schiavonetti. — Le même sujet. C. van Kuylenburg del., H. Jonxis sc. Utrecht, 1793. 3 planches gr. in-fol. obl. — Le même sujet, in-fol. obl. Epreuve avant toute lettre. — Le fils de Louis XVI regarde la guillotine. In-fol. obl. Épreuve avant toute lettre.

1190. Exécution de Marie-Antoinette, 16 oct. 1793. Dess. par Monnet, grav. p. Helman. Gr. in-fol. obl. Plus 5 autres planches de la même époque représent. le même sujet.

1191. Siége de Mayence, 1793. Schütz pinx., Tielker sculps. Très-gr. in-fol. — Arbre de la liberté à Mayence. — Dame de Mayence, etc. — 3 pl. in-8.

1192. Condorcet se donnant la mort. — Cecilia Renard est arrêtée. — Le jeune Loiserolles. — Fragonard inv., del. Idnarapila (James Aliprandi) sculps.

1193. Journée du XIII vendémiaire, l'an IV. Dess. par Monnet, gravé par Helman. — Grachus Babœuf détenu au Temple. Voigts sc. — Serment fait le 21 germinal an IV par 1,500 républicains. Gravé par Koch à Rome. — Passage du Mincio, 1796. 2 grav. avant la lettre. — Époque du 30 floréal an V. *Paris, chez Depeuille.* — En tout, 6 planches gr. in-fol. obl.

1194. Vue du Champ de Mars le 20 prairial, l'an II. Dess. et grav. par Tessier. — La Fête de la Réunion. Wille fils inv., 1794; Duplessis Bertaux sculps., 1795. — La nuit du 9 au 10 thermidor. Dess. par Harriet, grav. par Tassaert. — 3 planches gr. in-fol. obl.

1195. Arrestation de Robespierre, 27 juillet 1794. — La mort de Robespierre (guillotiné). — Une autre planche gravée à l'eau-forte représ. la mort de Robespierre. — 3 gravures gr. in-fol. Les deux premières gravées par Aliprandi.

1196. Les Français au passage de Waal, 1794. Langendyk del., Brouwer sculps. — Fête de liberté célébrée à l'occasion de l'inauguration de l'arbre de la liberté à Amsterdam, à la place de la Révolution, 4 mars 1795. — Fête de l'alliance entre les républiques française et batave, célébrée à Amsterdam, 1795. Kuyper del., Vinckeles et Vrydag sculps. — 3 planches gr. in-fol. obl.

1197. Arrivée de Thérèse-Charlotte sur le territoire de Basle, le 25 déc. 1795. Haid exc. In-fol. obl. — Arrival of Theresa Charlotta, daughter of Lewish XVI, at Basle, 1795. Engraved by Francis Jukes. Gr. in-fol. obl.

1198. La lutte dans la partie septentrionale du Champ de Mars, le 1er vendémiaire an VII. (Dessin color. de Duplessis-Berteaux?) Gr. in-fol. obl. et 9 gravures histor. de la même époque. In-fol. et in-4.

1199. Afbeelding van het groote Vloot te St-Malo, geschikt tot transport van 15,000 man trœpen, tot een landing in Engeland. Gr. in-folio.

1200. Assignats. 6 tableaux dont 4 color. Très-gr. in-fol. — *a*) *Paris, chez Bance*, 1796. — *b*) Gatteau inv., A. Tardieu sc. — *c*) Gravé par J. Hunin, à Malines. — *d*) *Paris, chez Bonneville.* — *e*) Bock et Mossner sculps. Nuremberg, 1797. — *f*) La même planche, avant l'intitulé et les noms des graveurs.

1201. Assignats. 3 tabl. color., très-gr. in-fol. — *a*) Gatteau invcn., A Tardieu sc. — *b*) Gravé par J. Hunin à Malines. — *c*) Beck et Massner sculp. *Nuremberg*, 1797.

1202. Napoléon Ier. Consulat et l'Empire. 41 pièces in-fol., in-4 et in-8, dont quelques-unes coloriées. Portraits, batailles, scènes historiques, fêtes. Collection curieuse qui contient des pièces rares.

1203. Passage du Grand Saint-Bernard, 15 mai 1800.—Vue de l'hospice du mont Saint-Bernard au passage de l'armée française. — Vue du village de Saint-Remi. 3 planches grav. par Aubertin et Moreau, et imprimées en couleurs. Gr. in-fol. obl.

1204. Batailles des Français en Allemagne et le Tyrol, cérémonies, etc. 23 planches, eaux-fortes coloriées, 1805 à 1812. *Nurnberg*, *Campe*. In-fol. obl.

1205. Le cardinal Consalvi recevant du pape Pie VII la bulle de ratification du Concordat signé à Paris le 15 juillet 1801. Dessiné par ordre de Sa Sainteté par Wicar, et gravé par Lefèvre Marchant. Dédié à Napoléon Bonaparte. Gravure en manière noire, très-gr. in-fol.

1206. Pie VII visitant l'institution des sourds et muets de l'abbé Sicard, le 23 février 1803. Marlé del. et sculps. In-fol. obl.

1207. Ouverture du nouveau port de Cherbourg, le 27 août 1813. Dess. par Isabey, grav. par Piringer. Très-grand in-fol. obl.

1208. Prince Poniatowski. H. Vernet pinx. Lithographie. Gr. in-fol. obl.

1209. Fête communale de Douai. Gayan et sa famille. Belle lithographie color. E. Wallet, 1819. Gr. in-fol. obl.

1210. Scènes des mémorables jours de Juillet 1830, par Charles et Jaime. 4 lithog. sur chine et 1 f. de texte. Très-grand in-fol. — La Grande Semaine, 1830. 4 lithog. par Levasseur. Gr. in-fol.—Plus 3 autres lithog. par Bellangé, Raffet, etc. In-fol.

## XIV. ALMANACHS DU PLUS GRAND FORMAT.

1211. Vingt-neuf almanachs allemands des XVII^e et XVIII^e siècles, illustrés de scènes historiques, de saints, de blasons gravés sur cuivre ou en bois, en général du plus grand format in-fol. et composés de plusieurs feuilles. Toutes ces pièces sont très-rares.

1212. Vingt-neuf almanachs allemands des XVII^e et XVIII^e siècles, illustrés de scènes historiques, de saints, de blasons gravée sur cuivre ou en bois, en général du plus grand format in-fol. et composés de plusieurs feuilles. Toutes ces pièces sont très-rares.

1213. Vingt-neuf almanachs allemands des XVII^e et XVIII^e siècles, illustrés de scènes historiques, de saints, de blasons gravés sur cuivre ou sur bois, en général du plus grand format in-fol. et composés de plusieurs feuilles. Toutes ces pièces sont très-rares.

1214. Vingt-neuf almanachs allemands des XVII^e et XVIII^e siècles, illustrés de scènes historiques, de saints, de blasons gravés sur cuivre ou en bois, en général du plus grand format in-fol. et composés de plusieurs feuilles. Toutes ces pièces sont très-rares.

1215. Vingt-huit almanachs allemands du XVII^e et XVIII^e siècles, illustrés de scènes historiques, de saints, de blasons gravés sur cuivre ou en bois. En général du plus grand format in-fol. et composés de plusieurs feuilles. Toutes ces pièces sont très-rares.

1216. Almanch Impérial pour l'année 1673. Repræsentatio Majestatis Imperatoriæ. Les portraits des représentants. Jac. Bernard et Paul Multz et And. Paul Multz fratres fec. Norimbergæ. 2 ff. très-gr. in-fol. obl.

Magnifique et très-rare pièce GRAVÉE EN MANIÈRE NOIRE.

1217. Guilelmus Henricus et Maria Stuarta in palatio Ducis Eboracensium, matrimonio juncti 14 nov., recepti gloriose

14 déc. 1677 Hagæ comitis. Romanus de Hooghe inv. et fec. Très-gr. in-fol. (*Exempl. avant la lettre.*)

1218. Almanach. Le royal et fameux Passage du Rhin, 1682. — Prise de Luxembourg. — Gênes bombardé, etc. Eau-forte genre Le Pautre. *Paris*, *Bonnart*, 1685. Très-grand in-fol.

1219. Almanach. Deffaite de l'armée des Turcs près de Mohats en Hongrie, le 12 aoust 1687. *Paris*, *Moncornet*, 1688. Très-grand in-fol.

1220. Almanach. Léopold I. Victoires sur les Turcs. Chr. Rembold invent., A. Thelot delin. Grav. en taille-douce, avec texte en car. mobiles. *Augsburg*, *Koppmaier*, 1690. Hauteur 85 centim., largeur 59 centim.

1221. Almanach pour 1695. Genre Le Pautre. — L'état glorieux et florissant de la Famille royalle, par le nombre et le mérite des princes et princesses qui la composent. — Mariage de Mademoiselle, etc.—Camp de Compiègne, etc. *Paris*, *Mariette*, 1696. Très-gr. in-fol.

Avec les portraits de toute la famille royale.

1222. Almanach pour l'an de grace M.DCCIII (1703).— Les Armées hollandaises et anglaises chassées devant Cadix.— Bataille de Friedlingen, 1702. Gravé dans le genre de Le Pautre. *Paris*, *Bonnart*, 1703. Très-gr. in-fol.

1223. Almanach. L'Heureux retour du roi d'Espagne à Madrid. Guerre de Portugal. Gravure en taille-douce, avec texte en car. mobiles. *Paris*, *Landry*, 1705. Hauteur 95 cent., largeur 65 cent.

1224. Almanach pour l'an 1705. Naissance du duc de Bourgogne. — Bal donné par Mansard. — Feux d'artifice à Lyon et à Paris, etc. Almanach gravé dans le genre de Le Pautre. *Paris*, *chez M. Langlois*, 1705. Très-gr. in-fol.

1225. Almanach. Cérémonie faite en 1706, où le Roi a donné le bonnet de cardinal à M. le nonce Gualterio. — Promotion de 19 cardinaux. Eau-forte genre Le Pautre. *Paris*, *Trouvain*, 1707. Tr.-gr. in-fol.

1226. Sacre du Roy Loys XV, fait en l'église de Notre-Dame de Paris le 25 octobre 1722, représenté en armoiries, suivant l'ancien usage d'élever nos Rois sur le pavois à leur intronisation à Saint-Denis. Avec 230 blasons. *A Paris*, *chez l'autheur, Jaques Chevillard.* Hauteur 125 cent., largeur 78 cent.

1227. Almanach für 1719. Paix entre Charles VI, empereur d'Autriche, et Achmed Hani. — Victoire de Passarourz en Servie, 1718, etc. Paul Decker del., A Pfeffel excud. Aug. Vindel. Tr.-gr. in-fol. (*Exemplaire avant le texte.*)

1228. Calendrier. Épreuve avant le texte. M. von Welsch inven., Paulus Decker del., D. Hertz sculps. Augustæ Vindel., 1720. Belle pièce. Hauteur 175 cent., largeur 89 cent.

1229. La même pièce. Autre état. Kalender der Reichs Ritterschaft, 1729. *Nürnberg, Felssecker*, 1729. Même grandeur.

1230. Almanach der Rheinischen Ritterschaft. Almanach de la noblesse Rhénane, 1741. Tournois, blasons, etc. *Worms, Spelter*, 1741. Hauteur 170 centim., largeur 92 cent.

1231. Des teutschen Ritter-Ordens Kalender, 1747. Calendrier des chevaliers de l'ordre Teutonique. Portrait de l'Empereur, et de Clément Auguste, Electeur de Cologne, vue d'Ellingen, etc. J. A. Friedrich sculps. Aug. Vindel. Très-belle pièce. Hauteur 190 centim., largeur 76 cent.

1232. Würzburger Bisthums-Almanach, 1772, 1775, 1780. — Vues de Wurzbourg, scènes historiques, blasons, etc. 3 feuilles dont chacune a une hauteur de 180 centim. et une largeur de 75 cent.

1233. Almanach des Collegiat-Stiftes zum Neuen Münster in Würzburg. Vue de la cathédrale, scènes de sainteté, blasons, etc. W. Hœgler del., Jo. Salver sculps, 1719. Gutwein renov. 1743. *Würzburg*, 1780. Hauteur 125 cent., largeur 80 cent.

1234. Almanach des Bisthums Bamberg 1780. Christ Klauber sculps. Vue de Bamberg, portraits, sujets religieux, blasons. Hauteur 180 cent., largeur, 90 cent.

5525 — Paris, imprimerie Jouaust, 338, rue Saint-Honoré.

# CATALOGUE

DE

# BEAUX LIVRES

## ANCIENS ET MODERNES

Reliés par les premiers relieurs de Paris

---

## QUATRIÈME PARTIE

---

DONT LA VENTE SE FERA

*Le Vendredi* 22 *Mai* 1868

A L'HOTEL DES COMMISSAIRES-PRISEURS

RUE DROUOT, N° 5, SALLE N° 4

*A* 3 *heures très-précises de relevée*

Par le ministère de **Me DELBERGUE-CORMONT**, commissaire-priseur,
8, rue de Provence

---

**Les ouvrages portent, à l'exception de quelques-uns, sur la reliure, les armes ou le chiffre du propriétaire.**

---

PARIS

LIBRAIRIE TROSS

5, RUE NEUVE-DES-PETITS-CHAMPS, 5

1868

## CONDITIONS DE LA VENTE.

Les adjudicataires payeront, en sus des adjudications, cinq centimes par franc, applicables aux frais.

Les livres vendus devront être collationnés sur place dans les vingt-quatre heures. Passé ce délai ou une fois sortis de la salle de vente, ils ne seront repris pour aucune cause.

*Il y aura exposition publique le vendredi 22 mai (jour de la vente), de une à trois heures.*

# CATALOGUE

DE

# BEAUX LIVRES

## ANCIENS ET MODERNES

---

## *QUATRIÈME PARTIE*

---

1. **Aulnoy** (Marie Cath. Le Jumel de Berneville, comtesse d'). Nouvelles Mémoires historiques. *Paris*, *Claude Barbin*, 1693. 2 vol. in-12, maroq. bl., tr. dor. (*Hardy-Mennil.*)

2. **Artagnan**. Mémoires de M. d'Artagnan, Capitaine-Lieutenant de la première compagnie des Mousquetaires du Roi, contenant quantité de choses particulières et secrètes qui se sont passées sous le règne de Louis-le-Grand. *Cologne*, *Pierre Marteau*, 1701. 3 vol. in-12, maroq. La Vall., tr. dor. (*Hardy Mennil.*)

3. **Beaumarchais.** La Folle Journée, ou le Mariage de Figaro. *De l'imprimerie de la Société littéraire typographique et à Paris*, 1785. In-8, fig., maroq. rouge, fil., tr. dor. (*David.*)

   Très-bel exemplaire en grand papier.

4. **Becker et Hefner.** Objets d'art et meubles de luxe du moyen âge et de la Renaissance. (Kunstwerke und Geraethschaften des Mittelalters. *Francfort*, 1852 et suiv. 3 vol. gr. in-4, maroq. br., fil., doublé de moire, tr. dor. (*Hardy-Mennil.*)

Magnifique ouvrage, avec planches coloriées et rehaussées d'or. Exemplaire pour lequel on a imprimé des titres et une table en français.

5. **Bernard.** Geoffroy Tory, peintre graveur, premier imprimeur royal, réformateur de l'orthographe et de l'imprimerie sous François Ier, par Auguste Bernard. Deuxième édition entièrement refondue, VIII et 412 pages. *Paris*, 1865. In-8, fig. en bois, d.-rel. mar. rouge, non rog., tête dor. (*Hardy-Mennil.*)

Exemplaire en grand papier de Hollande.

6. **Bible en figures.** L'histoire du Vieux et du Nouveau Testament; avec des explications édifiantes, tirées des saints Pères, pour régler les mœurs dans toute sorte de conditions. Dédié à Mgr le Dauphin par le sieur de Royaumont. *Suivant la copie imprimée à Paris chez Pierre le Petit*, 1680. Pet. in-8, fig. à mi-page, maroq. La Vall., dos orné, fil., tr. dor.

Exemplaire beau d'épreuves et grand de marges. 151 millim. sur 71 millim.

7. **Bossuet.** Discours sur l'histoire universelle. *Paris, Seb. Mabre-Cramoisy*, 1681. In-4, maroq. vert, fil., tr. dor. (*Hardy-Mennil.*)

Edition originale.

8. **Bouchet** (Jean). Les Angoysses et remedes damours. Du Traverseur, en son adolescence. *Imprime a Poictiers le huytiesme iour de Janvier* 1536, *par Jehan et Enguilbert de Marnef frères*. 4 ff. lim., 121 pages et 1 feuillet pour le privilége. — Le Iugement poetic de l'honneur feminin et seiour des illustres, claires et honnestes Dames, par le Trauerseur. *Imprime à Poictiers le premier d'Auril* 1538 *par Jehan et Enguilbert de Marnef freres*. 24 ff. limin. et 96 ff. chiffr., gravures en bois. 2 vol. en un, pet.

in-4, goth., v. ant. à comp. (*Première reliure avec le chiffre B. G. V.*)

Exemplaires magnifiques avec témoins.

9. **Bouchet.** Les Serées de Guillaume Bouchet, sieur de Broncourt. *Lyon, P. Rigaud*, 1614. 3 tomes en 1 vol., pet. in-8, maroq. brun dent., doublé de moire, tr. dorées. (*Hardy-Mennil.*)

Très-bel exemplaire presque non rogné, dont les trois volumes sont de la même date et à l'adresse du même libraire.

10. **Bouillon.** Mémoires de la vie de Frédéric Maurice de la Tour d'Auvergne, duc de Bouillon, avec quelques particularitez de la vie et des mœurs de Henri de la Tour d'Auvergne, vicomte de Turenne. *Paris*, *Trabouillet*, 1692. In-12, maroq. bleu, fil., tr. dor. (*Hardy-Mennil.*)

11. **Brienne.** Mémoires du comte de Brienne, ministre et premier secrétaire d'État, contenant les événements les plus remarquables du règne de Louis XIII et de celui de Louis XIV jusqu'à la mort du cardinal Mazarin. *Amsterdam, F. Bernard*, 1719. 3 vol. in-8, maroq. vert, fil., tr. dor. (*Hardy-Mennil.*)

12. **Brunet.** Imprimeurs imaginaires et libraires supposés. Étude bibliographique, suivie de recherches sur quelques ouvrages imprimés avec des indications fictives de lieux ou avec des dates singulières, par Gustave Brunet. *Paris*, 1866. In-8, d.-rel. maroq. rouge, non rog., tête dor. (*Hardy-Mennil.*)

Exemplaire en papier de Hollande.

13. **Bruscambille.** Ses fantaisies. Contenant plusieurs discours, paradoxes, harangues et prologues facecieux. *Paris*, *Jean Millot*, 1615. Pet. in-8, front. grav., maroq. rouge, fil., tr. dor. (*Hardy-Mennil.*)

14. **Calendrier** (Le Grant) et compost des Bergiers, compose par le berger de la grât môtaigne, auquel sont adjoustez plusieurs nouvelles figures et tables. *Nouvellement imprimé à Pa-*

*ris par la veufve feu Jehan Trepperel.* (*Calendrier* 1518-1552.) Pet. in-4, goth., fig. en bois, maroq. brun, tr. dor. (*Duru.*)

Très-bel exemplaire. Une grande partie du texte est en vers.

15. **Cartier.** Bref recit et succincte narration de la navigation faite en 1535 et 1536 aux Iles de Canda, Hochelaga, Saguenay et autres, réimpression figurée de l'édition de 1545..., précédée d'une brève et succincte introduction historique par M. d'Avezac. *Paris*, *Tross*, 1863. Pet. in-8, maroq. bleu, fil., doublé de moire, tr. dor. (*Hardy-Mennil.*)

Exemplaire sur papier vélin de Whatman à la cuve.

16. **Catinat.** Mémoires pour servir à la vie de Nicolas Catinat, maréchal de France. *Paris*, *Duchesne*, 1775. In-12, maroq. vert, fil., tr. dor. (*Hardy-Mennil.*)

Relié sur brochure.

17. **Celestina.** Tragicomedia de Calisto y Melibea, en laqual se contienen de mas de su agradable y dulce estilo muchas sentencias filosofales y auisos muy necessarios para mancebos : mostrandoles los enganos qui estan encerrados en sirvientes y alca huetas. *Fue impresso en Enueres, en casa de Martin Nucio, s. a.* (vers 1540). Pet. in-12, goth., maroq. vert, fil., tr. dor. (*Niedrée.*)

Édition de la plus grande rareté.

18. **Celestina.** Segunda comedia de la famosissima Celestina, en laqual se trata de la Resurrection de la dicha Celestina : y de los amores de Felides y Polâdria, corregida y emendada por Domingo de Gatzelu. A la fin : Esto libro presente agradable a todas las estranas naciones fue en esta inclita *ciudad de Venezia reimpresso por Maestro Estephano da Sabio esto ano del Senor del* 1536. Pet. in-8, goth., fig. en bois, maroq. rouge, plats ornés, tr. dor. (*Duru.*)

Volume encore plus rare que le précédent. Ex. de Ch. Nodier.

19. **Cervantes.** Les principales avantures de l'admirable Don

Quichotte, représentées en figures, par Coypel, Picart le Romain et autres habiles maîtres. *La Haye, P de Hondt*, 1746. Gr. in-4, maroq. vert, fil., doublé de moire, tr. dor. (*Hardy-Mennil.*)

Très-bel exemplaire en grand papier.

20. **Commines.** Chronique et hystoire faicte et composee par feu messire Philipppe de Commines, chevalier seigneur Dargenton, contenant les choses aduenues durant le regne du roy Loys unziesme, tant en France, Bourgongne, Flandres, Arthoys, Angleterre, que Espaigne et lieux circonuoisins. *Acheuee d'im primer le XII iour du moys Dauril* 1526, *par Claude Nourry, dit le Prince, demourant a Lyon.* In-fol., goth., maroq. La Vall. à compart. de maroq. amaranthe, chiffres entrelacés, doublé de maroq. rouge à riches comp., tr. dor. (*Hardy-Mennil.*)

Bel exemplaire rempli de témoins.

21. **Commines.** Chroniques du Roy Charles huytiesme de non (*sic*) que dieu absoille, contenant la verite des faictz et gestes dignes de memoire dud. seigneur, qu'il feist en son voyage de Naples, et de la conqueste dud. royaulme de Naples et pais adiacens. Et de son triumphant et victorieux retour en son royaume de France. *Acheuez dimprimer lan* 1529 *pour maistre Enguillebert de Marnef, librayre iure de l'uniuersité de Paris.* In-fol., goth., maroq. La Vall. à comp., doublé de maroq. r. à comp., tr. dor. (*Hardy-Mennil.*)

Même reliure que le numéro précédent. Ce volume complète les éditions antérieures de Commines, qui ne contiennent que six livres; celui-ci en forme le septième.
La reliure de chacun de ces deux volumes a coûté 450 fr.

22. **Corrozet** (Gilles). Hecatomgraphie, c'est-à-dire les descriptions de cent figures et hystoires, contenans plusieurs appophthegmes, proverbes, sentences et dictz tant des anciens que des modernes. *Paris, Denys Janot*, 1543. Pet. in-8, jolies gravures sur bois, maroq. brun à riches compartiments, doublé de

maroq. bleu, gardes en moire, tr. dor. (*Très-belle reliure de Hardy-Mennil.*)

Superbe exemplaire, presque non rogné.

23. **Danse macabre** (La Grande). Chorea ab eximio Macabro versibus alemannicis edita. Fac-simile de l'édition latine de 1490 exécuté par Adam Pilinski. *Paris*, 1868. Gr. in-fol., goth., fig. en bois, maroq. rouge, fil., tr. dor. (*Hardy-Mennil.*)

Exemplaire imprimé sur PEAU DE VÉLIN.

24. **Des Periers.** Les Nouvelles Récréations de Bonaventure Des Periers. Nouuelle édition. *Rouen*, *Raphael du Petit Val*, 1610. Pet. in-12, maroq. rouge, fil., tr. dor. (*Hardy-Mennil.*)

25. **Desportes.** Les Premières Œuvres de Philippe Desportes. *Paris*, *Mamert Patisson*, 1579. In-4, maroq. rouge, fil., tr. dor. (*Hardy-Mennil.*)

Exemplaire magnifique.

26. **Eloges** et discours sur la triomphante rentrée, reception du roy en sa ville de Paris, après la reduction de La Rochelle; accompagnez des figures tant des arcs de triomphe que des autres preparatifs. *Paris*, *Rocolet*, 1629. In-fol., fig. de Firens, Tavernier et Bosse, maroq. bleu, fil., tr. dor. (*Hardy-Mennil.*)

Très-bel exemplaire. On y trouve la belle planche historique, gravée par Abr. Bosse, et représentant les échevins de Paris haranguant le roi lors de son retour de La Rochelle.

27. **Entrée** (L') triomphante de leurs maiestez Louis XIV, roy de France et de Navarre, et Marie-Thérèse d'Austriche son espouse, dans la ville de Paris, capitale de leurs royaumes, au retour de la signature de la paix generalle et de leur heureux mariage. *Paris*, *Pierre le Petit*, 1662. In-fol., gravures par Jean Marot et autres, maroq. rouge, fil., doublé de moire bleue, tr. dor. (*Hardy-Mennil.*)

Très-bel exemplaire avec le portrait de Louis XIV.

28. **Fail** (Noël du). Les Contes et discours d'Eutrapel, par le feu seigneur de la Herissaye, gentilhomme breton. *Rennes, pour Noël Glamet de Quimpercorentin*, 1597. Pet. in-8, maroq. br., fil., doublé de moire. (*Hardy-Mennil.*)

Trés-bel exemplaire d'une édition non citée dans le Manuel.

29. **Fauchet** (Claude). Recueil de l'origine de la langue et poesie françoise, ryme et romans, plus les noms et sommaire des œuvres de 127 poetes françois viuans avant l'an 1300. *Paris, Mamert Patisson*, 1581. In-4, maroq. br., fil., tr. dor. (*Hardy-Mennil.*)

30. **Feuquière.** Mémoires de M. le marquis de Feuquière, lieutenant-général du roi. *Paris, Jombert*, 1775. 4 vol. in-12, fig., maroq. br., fil., tr. dor. (*Hardy-Mennil.*)

Relié sur brochure.

31. **Fossetier** de la glorieuse victoire divinemēt obtenue devāt Pavie par Lēpereur Charles Quint de ce nom. Dęs isles et lieus q. il possesse en aphrique. Chant royal a la loēge dycelluy. *S. l. n. d.* (*Anvers*, 1525.) In-4, goth., maroq. rouge, fil., tr. dor.

Exemplaire sur PEAU DE VÉLIN. Réimpression exécutée avec de véritables caractères du XVe siècle, par Enschede à Harlem. Elle a été tirée à 25 exemplaires en tout.

32. **Fromment** (Ant.). Les actes et gestes merueilleux de la cité de Genève, nouuellement conuertie à l'Euangile... mis en lumière par Gustave Revilliod. *Genève, Fick*, 1854. In-8, mar. viol., fil., tr. dor. (*Hardy-Mennil.*)

Exemplaire sur papier vélin jaune.

33. **Graesse** (Th.). Trésor des livres rares et précieux, ou Dictionnaire bibliographique, contenant plus de cent mille articles de livres rares, curieux et recherchés. A—Z. *Dresde, Kuntze*, 1859-1867. 6 tomes en 7 vol., gr. in-4, d.-rel. maroq. La Vall., dos et coins, non rogn., tête dor. (*Hardy-Mennil.*)

Ouvrage dans le genre du Manuel de Brunet mais beaucoup plus complet. On a ajouté la première partie du supplément publié il y a peu de temps. La deuxième paraîtra prochainement; on peut se procurer cette partie dans notre librairie.

34. **Hefner-Alteneck** (Le Baron de). Costumes du moyen âge chrétien, d'après les monuments contemporains. *Francfort*, *Keller*, 1840. Un vol. de texte et trois vol. de pl. col., ensemble 4 vol. in-fol, maroq. brun, fil., doublés de moire, tr. dor. (*Hardy-Mennil.*)

Exemplaire du premier tirage. Magnifique ouvrage avec planches coloriées et rehaussées d'or, le plus beau que l'on ait publié jusqu'à présent sur ce sujet. Les planches sont au nombre de 420. L'ouvrage a été publié au prix de 1520 francs.

35. **Holbein.** Icones | Mortis | duodecim Imaginibus præter | priores | totidemque inscriptionibus præter epi- | grammata è Gallicis à Georgio Æmy- | lio in latinum versa, cumulatæ. *Basileæ*, 1554. Pet. in 8, maroq. rouge, fil., tr. dor. (*Hardy-Mennil.*) (*Bel exemplaire.*)

Cette édition, la dernière qui ait été tirée sur les bois originaux, contient 53 gravures; elle est la plus rare de toutes. Comme le tirage des planches est beau, il est à présumer qu'elle a été tirée sur des clichés.

36. **Imitation** de Jésus-Christ, traduite et paraphrasée en vers françois par P. Corneille. *Paris*, *Ballard*, 1665. Pet. in-8, fig., maroq. vert, tr. dor. (*Capé.*)

37. **Imitation** de Jésus-Christ, fidèlement traduite du latin par Michel de Marillac..., édition nouvelle, soigneusement revue et corrigée par M. S. de Sacy. *Paris*, *Techener*, 1860. In-12, pap. de Holl., mar. br., tr. dor. (*Hardy-Mennil.*)

38. **Joinville.** Histoire de saint Louis, par Jehan sire de Joinville. Les Annales de son regne, par Guil. de Nangis. Sa vie, ses miracles, par le confesseur de la reine Marguerite. *Paris*, *Imprimerie royale*, 1741. Gr. in-fol., maroq. brun, fil., doublé de moire rouge, tr. dor.

Très-bel exemplaire en grand papier.

39. **La Bruyère.** Les Caractères de Théophraste, avec les Caractères ou les mœurs de ce siècle, nouvelle édition par M. Coste. *Amsterdam*, *Changuion*, 1743. 2 vol. in-12, portrait, maroq. br., tr. dor. (*Hardy-Mennil.*)

Relié sur brochure.

40. **Le Maire des Belges.** Les Illustrations de Gaule et singularités de Troy, contenant trois parties avec lepistre du roy Hector de Troye (le Temple de Vénus et autres poesies). Le traicte de difference des scismes et des concilles, la vraye hystoire et non fabuleuse du prince Syach Ismael dict Sophy, etc. *Imprime a Lyon par Jacques mareschal*, 1524. 5 parties en 1 vol., gr. in-4, goth., fig. sur bois, maroq. br. à riches compartiments en or, doublé de maroq. bleu., gardes en moire, tr. dor. (*Magnifique reliure de Hardy-Mennil.*)

Exemplaire de la plus grande beauté, rempli de témoins.
M. Brunet ne cite pas cette édition.

41. **Malherbe.** Poésies, avec les observations de Ménage. *Paris*, *L. Billaine*, 1666. In-8, maroq. r., fil., tr. dor. (*Hardy-Mennil.*)

Bel exemplaire de la première édition donnée par Ménage.

42. **Marot.** Les Œuvres de Clément Marot de Cahors, valet de chambre du roy. Augmentées d'ung grand nombre de ses compositions nouuelles, par cy devant non imprimées. Le tout songneusement par luy mesme reueu et mieulx ordonné comme lon voyra cy apres. *Lyon*, *chés Estienne Dolet*, 1542. Pet. in-8, car. ronds, maroq. rouge à compart. mosaïque en couleurs, tr. dor. (*Hardy-Mennil.*)

Très-bel exemplaire dans une gracieuse reliure. Cette édition est, sous tous les rapports, plus précieuse que celle de 1538 publiée par le même éditeur. Elle est plus belle, plus rare, et surtout plus complète. L'exemplaire a été acquis le 3 novembre 1865 au prix de 836 francs, frais compris ; il a été relié depuis. La reliure a coûté 400 francs.

43. **Meliadus le Leonnoys.** Du present volume sont con-

tenus les nobles faictz darmes du vaillant roy Meliadus de Leonnoys. Ensemble plusieurs autres processes de Cheualerie faictes tant par le roy Artus, Palamedes, le Morhoult d'Irlande, le bon cheualier sans paour Galehault le Brun, etc. *On les vend a Paris en la rue neufue nostre dame a lescu de France, par Denis Ianot*, 1532. In-fol., goth. à 2 col., mar. rouge, fil., tr. dor. (*Hardy-Mennil.*)

44. **Mémoires** de la regence de la reyne Marie de Medicis (par le duc d'Estrées). *Paris, Denys Thierry*, 1666. In-12, mar. rouge, tr. dor.

45. **Mémoires** secrets de la cour de France, contenant les intrigues du cabinet pendant la minorité de Louis XIV (par Rustaing de Sainct Jory). *Amsterdam, Girardi*, 1733. 3 vol. in-12, maroq. rouge, fil., tr. dor. (*Hardy-Mennil.*)

46. **Mémoires** secrets pour servir à l'histoire de Perse (France) (par Pecquet). *Amsterdam, aux dépens de la Compagnie*, 1746. Pet. in-8, maroq. bl., fil., tr. dor. (*Hardy-Mennil.*)

47. **Mespris** (Le) de la court, avec la vie rustique. Lamye de court. La parfaicte amye. La contreamye. Landrogyne de Platon. L'experience de l'amye de court, contre la contreamye. Complaincte d'une dame surprinse nouuellement damour. L'experience de maistre Paul Angier, cont. une briefue deffense en la personne de l'honneste Amant pour lamye de court contre la contreamye. *Paris, Guillaume Thiboust*, 1544. In-16, mar. rouge, fil., tr. dor. (*Hardy-Mennil.*)

Recueil de pièces en prose et en vers. Édition la plus complète.

48. **Montaigne.** Les Essais de Michel, seigneur de Montaigne, cinquiesme édition, augmentée d'un troisième livre et de six cens additions aux deux premières. *Paris, Abel l'Angelier* (1588). Gr. in-4, front. grav., maroq. rouge, fil., tr. dor. (*Hardy-Mennil.*)

Superbe exemplaire *en grand papier fort*. M. Brunet ne parle d'aucun exemplaire de ce genre.

49. **Montaigne.** Les Essais de Michel, seigneur de Montaigne. Édition exactement corrigée selon le vrai exemplaire : enrichi à la marge des noms des auteurs cités et de la version de leurs passages, avec la vie de l'auteur, plus deux tables. *Paris, J. Camusat*, 1635. Gr. in-fol., portrait, maroq. rouge doublé de moire bleue, fil., tr. dor. (*Hardy-Mennil.*)

Magnifique exemplaire *en très-grand papier ;* état non cité dans le Manuel de M. Brunet.

50. **Montaigne.** Les Essais de Michel, seigneur de Montaigne. *Amsterdam, A. Michiels*, 1659. 3 vol. in-12, portr., maroq. La Vall., fil., tr. dor. (*Hardy-Mennil.*)

Très-bel exemplaire, d'une hauteur de 154 millimètres. Un des plus grands connus.

51. **Montrésor.** Mémoires de Monsieur de Montrésor. Diverses pièces durant le Ministère du Cardinal de Richelieu. Relation de M. de Fontrailles, etc. *Leyde, Jean Sambix le jeune* (*Bruxelles, Foppens*), 1665. 2 vol. pet. in-12, maroq. vert, fil., tr. dor. (*Hardy-Mennil.*)

52. **Nicole.** Choix de petits traités de morale de Nicole..., édition revue et corrigée par M. Silvestre de Sacy. *Paris, Techener*, 1857. In-12, mar. br., tr. dor. (*Hardy-Mennil.*)

53. **Nouvelles** (Les Cent) nouvelles, contenant les cent histoires nouveaux, qui sont moult plaisans à raconter. *Cologne, P. Gaillard*, (*Hollande*), 1701. 2 vol. pet. in-8, fig. de Rom. de Hooghe, maroq. orange, fil., tr. dor. (*Hardy-Mennil.*)

Très-bel exemplaire, avec les gravures tirées à part.

54. **Pièces** fugitives pour servir à l'histoire de France, avec des notes historiques et géographiques (par le marquis d'Aubais et Menard). *Paris, Chaubert et Hérissant*, 1759. 3 vol. in-4, mar. rouge, fil., tr. dor. (*Hardy-Mennil.*)

55. **Pierrefleur.** Mémoires de Pierrefleur, grand banderet d'Orbe, où sont contenus les commencemens de la Réforme

dans la ville d'Orbe et au pays de Vaud (1530-61), publ. par A. Verdeil. *Lausanne, Martignier*, 1856. In-8, maroq. br., fil., tr. dor. (*Hardy-Mennil.*)

Exemplaire en papier de Hollande.

56. **Plinii** secundi liber illustrium virorum incipit. Incipit liber Sexti Ruffi consularis de historia romana ad Valentinianum I Augustum. In fine : *Sexti Ruffi : Viri consularis Valentiniano | Augusto de historia : Ro : Libellus finit : Sixtus. Ruesinger* (circa 1472). Pet. in-4, sans chiffr., récl. ni sign., mar. br. à comp. de maroq. noir, chiffres entrelacés, tr. dor. (*Hardy-Mennil.*)

Volume de la plus grande rareté ; très-irrégulièrement imprimé. Raccommodages. M. Brunet parle d'un feuillet de titre qui n'existe pas.

57. **Pluvinel.** Le maneige royal de M. de Pluvinel, embelly de plusieurs excellentes figures faictes au naturel et gravées en taille douce par Crispin de Pas le jeune, le tout reveu et corrigé par l'auteur même. *Imprimé à Paris aux dépens de Crispin de Pas le Vieux*, 1623. Gr. in-fol. obl., mar. br., fil., tr. dor. (*Hardy-Mennil.*)

Première édition, d'une excessive rareté.

58. **Pompadour.** L'Histoire de Madame la marquise de Pompadour, traduite de l'anglois (ou plutôt composée en français par Mlle Fauque, ex-religieuse). *Londres, aux dépens de S. Hooper, à la Tête de César* (*Hollande*), 1759. 2 part. en 1 vol., pet. in-8, maroq. rouge, fil., tr. dor. (*Hardy-Mennil.*)

Première édition, d'une très-grande rareté. Voir la longue note de Barbier II. (95-96.)

59. **Prevost** (L'abbé). Histoire de Manon Lescaut et des chevaliers Des Grieux. *Paris, Leclère*, 1860. 2 vol. in-18, fig., mar. orange, fil., tr. dor. (*Hardy-Mennil.*)

60. **Puysegur.** Mémoires de messire Jacques de Chastenet,

chevalier seigneur de Puysegur, donnez au public par M. du Chesne. *Suivant la copie de Paris, à Amsterdam, chez Alex. Wolfgang*, 1690. 2 tomes en 1 vol., pet. in-12, portr. et tableau généalogique, maroq. vert, fil., tr. dor.

61. **Rabelais.** Suite du Nouveau Panurge. Livre second. *La Rochelle, M. Gaillard, sans date.* In-12, maroq. rouge, fil., tr. dor. (*Hardy-Mennil.*)

Facétie de la plus grande rareté. Voir le Manuel de Brunet, tom. IV, 1069 et 1070.

62. **Regnard.** Les Œuvres de M. Regnard. *Paris, P. Ribou*, 1705. 2 vol. in-12, fig., maroq. rouge, fil., doublé de moire verte, tr. dor.

63. **Renneville** (Constantin de). L'Inquisition française, ou l'Histoire de la Bastille. *Amsterdam et Leide*, 1724. 5 vol. in-12, fig., maroq. br., tr. dor. (*Hardy-Mennil.*)

Relié sur brochure.

64. **Retz.** Mémoires du cardinal de Retz. *Amsterdam, Bernard*, 1731. 4 vol. — Mémoires de M^me^ la duchesse de Nemours. *Amsterdam*, 1738. 1 vol. — Mémoires de Guy-Joly. *Amsterdam*, 1738-39. 2 vol. — Ensemble 7 vol. pet. in-8, maroq. vert, fil., tr. dor. (*Hardy-Mennil.*)

Exemplaire relié sur brochure.

65. **Ronsard.** Les Œuvres de Pierre de Ronsard, gentilhomme Vandosmois, prince des poetes françois. Reveues et augmentees et illustrees de commentaires et remarques. *Paris, N. Buon*, 1623. 2 vol. in-fol., portraits par Th. de Leu (10), maroq. bleu à comp. doublé de maroq. orange, gardes en moire, tr. dor. (*Hardy-Mennil.*)

Superbe exemplaire, et très-belle reliure qui a coûté 700 francs.

66. —— Les quatre premiers livre (*sic*) de la Franciade, au roy très-chrestien Charles, neufiesme de ce nom. *Paris, Gabr.*

*Buon*, 1572. In-4, mar. bleu, fil., doublé de moire rouge, tr. dor. (*Hardy-Mennil.*)

Édition originale.

67. **Saint-Amant.** Les Œuvres du sieur de Saint-Amant. *Paris*, *Toussainct Quinet*, 1642. 1 vol. in-4, mar. bleu, fil., doublé de moire rouge, tr. dor.

68. **Saint-Gelais.** Œuvres poetiques de Mellin de Saint Gelais. *Lyon*, *Ant. de Harsy*, 1574. Pet. in-8, mar. rouge, tr. dor.

Magnifique exemplaire, presque non rogné, de la bonne édition, imprimée en caractères italiques.

69. **Saint-Germain.** Mémoires de M. le comte de Saint-Germain, lieutenant général des armées de France, feld-maréchal au service de S. M. le roi de Dannemark. *Amsterdam*, *Rey*, 1779. In-8, mar. rouge, fil., tr. dor. (*Hardy-Mennil.*)

70. **Sales** (Fr. de). Introduction à la vie dévote du bienheureux François de Sales..., nouvelle édition revue et corrigée par M. Silvestre de Sacy. *Paris*, *Techener*, 1860. 2 vol. in-12, mar. br., tr. dor. (*Hardy-Mennil.*)

71. **Scarron.** Œuvres de M. Scarron. *Amsterdam*, *Wetstein et Smith*, 1737. 10 vol. pet. in-12, maroq. rouge, fil., doublé de moire, tr. dor. (*Hardy-Mennil.*)

Relié sur brochure.

72. **Schrenck** (J.). Augustissimorum imperatorum, regum atque archiducum, illustrissimorum principum, necnon comitum, baronum, nobilium, clarissimorum virorum verissimæ imagines et rerum ab ipsis gestarum descriptiones, quorum arma in Ambrasianæ arcis armamentario conspiciuntur. 125 planches plus les feuillets liminaires. *Œnisponti*, *J. Agricola*, 1601. Gr. in-fol., mar. brun, tr. dor. (*Hardy-Mennil.*)

Exemplaire magnifique. Le plus beau et le plus curieux livre qui ait été publié sur les armures. Les planches ont été gravées par D. Custodis. Chaque gravure est entourée d'une riche bordure qui est toujours différente.

73. **Tabourot** (Estienne). Les bigarrures et touches du seigneur des Accords, avec les Apophtegmes du sieur Gaulard et les Escraignes dijonnoises. *Paris*, *Jean Richer*, 1603. 5 part. en 1 vol., in-12, figures sur bois, mar. orange, fil., tr. dor. (*Hardy-Mennil.*)

Très-bel exemplaire de la première édition complète.

74. **Terrai.** Mémoires de l'abbé Terrai, contrôleur général des finances, avec une relation de l'émeute arrivée à Paris en 1776, etc. *Londres*, 1776. In-12, mar. viol., fil., tr. dor. (*Hardy-Mennil.*)

Relié sur brochure.

75. **Théophile.** Les Œuvres de Théophile, données en trois parties, contenant l'Immortalité de l'âme, la tragédie de Pirame et Thisbé, et les pièces qu'il a faites pendant sa prison. *Paris*, *N. Pepingué*, 1672. 2 tomes en 1 vol., pet. in-12, mar. r., fil., tr. dor. (*Hardy-Mennil.*)

76. **Totleben.** La Vie du comte de T., ci-devant colonel au service des États Généraux des Provinces-Unies, et lieutenant général des armées de S. M. l'Impératrice de toutes les Russies. *Cologne*, *Pierre Marteau* (Hollande), *s. d.* (vers 1762). Pet. in-12, mar. br., fil., tr. dor. (*Hardy-Mennil.*)

Relié sur brochure.

77. **Vera** (Gérard de). Trois navigations admirables faictes par les Hollandois et Zélandois au Septentrion, les quelles ont descouvert la mer Vueigats, la nouvelle Zemble et le païs que l'on estime estre Groenlandie. *Paris*, *G. Chaudiere*, 1599. Pet. in-8, mar. br., fil., tr. dor. (*Hardy-Mennil.*)

Édition infiniment plus rare que celles d'Amsterdam de 1598 et 1600.

78. **Verstegan.** Theatrum Crudelitatum Hæreticorum nostri temporis. *Antverpiæ*, *Hadr. Hubert*, 1587. In-4, 30 gravures

en taille-douce et frontisp., mar. rouge, fil., tr. dor. (*Hardy-Mennil.*)

Recherché à cause des belles planches dont le livre est orné ; la dernière représente l'exécution de Marie Stuart.

79. **Vieilleville.** Mémoires de la vie de François de Scepeaux, sire de Vieilleville..., maréchal de France, composés par Vincent Carloix, son secrétaire. *Paris, Guérin et Delatour*, 1757. 5 vol. in-12, mar. La Vall., fil., doublé de moire, gardes en moire, tr. dor. (*Hardy-Mennil.*)

80. **Walpole.** Anecdotes of painting in England, with some account of the principal artists, and incidental notes on other arts, collected by G. Vertue. *Strawberry-Hill, Th. Farmer and Th. Kirgate*, 1762-1771. 5 vol. in-4, fig., maroq. bleu, fil., doublé de moire cramoisie, tr. dor. (*Hardy-Mennil.*)

Première édition. Très-bel exemplaire.

5609. — Paris, imprimerie Jouaust, rue Saint-Honoré, 338.

www.ingramcontent.com/pod-product-compliance
Ingram Content Group UK Ltd.
Pitfield, Milton Keynes, MK11 3LW, UK
UKHW022104260726
13993UKWH00001B/314